나를 찾는 여행!
액티브 시니어 6

나를 찾는 여행! 액티브 시니어

펴낸날 2020년 9월 25일

지은이 김대정, 김선주, 김남희, 김용숙, 박동주, 윤영석, 이영실, 권미경, 김미성, 이재수, 정미선
펴낸이 주계수 | **편집책임** 이슬기 | **꾸민이** 전은정

펴낸곳 밥북 | **출판등록** 제 2014-000085 호
주소 서울시 마포구 양화로 59 화승리버스텔 303호
전화 02-6925-0370 | **팩스** 02-6925-0380
홈페이지 www.bobbook.co.kr | **이메일** bobbook@hanmail.net

※ 이 도서의 국립중앙도서관 출판시도서목록(CIP)은 e-CIP 홈페이지(http://www.nl.go.
kr/cip)에서 이용하실 수 있습니다. (CIP 2020039326)

시니어플래너들이 전하는 가슴 뛰는 인생 2막

나를 찾는 여행!
액티브 시니어 6

김대정, 김선주, 김남희, 김용숙, 박동주, 윤영석, 이영실, 권미경, 김미성, 이재수, 정미선

KSPCA 한국시니어플래너지도사협회 엮음

박북
BOOK

· · ·
머리말

스마트 시니어로 펼치는
인생(人生) 2막, 3차 성장(成長)

　저출산, 고령화, 장수 시대에 접어든 우리나라는 은퇴 후에도 40~50
년을 더 살아야 하는 100대 시대를 맞이하고 있습니다.

　한국시니어플래너지도사협회는 이렇게 다가오는 초고령사회 진입을
준비하고 개인의 행복한 삶, 삶의 질을 개선하는 방안으로 '시니어 플
래너지도사 과정', '시낭송&문학 테라피 과정'을 개설하고 운영하면서,
'남예종예술실용전문학교 학장배 전국 시낭송 대회'도 운영하고 있습니
다(2020년 2월 15일 제1회 대회 개최).

　강의내용은 인간관계, 건강, 직업(일), 여가(시낭송 외)를 기본영역으
로 하며, 그 외에 주거, 자산관리 계획과 실천, 스피치 등으로, 시니어에
게 꼭 필요한 맞춤형 콘텐츠로 이뤄져 있습니다. 강좌가 개설된 대학 평
생(미래)교육원은 이화여대, 연세대, 동국대, 경기대(서울, 수원), 안양
대, 숙명여대, 계명대(대구), 제주대, 가톨릭관동대(강릉) 등입니다.

　2017년 7월에는 호주지부(시드니)를 개설하고 4박 5일에 걸쳐 교민

들을 대상으로 협회 소속 교수진과 함께 생애경력설계(은퇴설계) 강의를 하였으며, 2019년 6월에는 국회회관에서 고령화, 저출산에 따른 학술세미나도 진행하였습니다

또, 2020년, 2021년에는 서울본부(김대정/이정선/김선주)를 주축으로 강릉(정영희/최웅오), 제주(김동훈/송승헌), 대구(오영연/육명수), 창원(강학순), 용인(권혁복), 안양(허애리), 수원(송훈), 대전(심미경), 인천(송미생) 지부 등 전국 곳곳에서 활동을 이어가고 있습니다.

협회는 앞으로 시니어들을 위해 변함없이 활동하면서도 소속 회원들의 복지를 확장해 가며 공공기관, 기업체 등 사회공헌 강의에 전력투구할 계획입니다.

같은 뜻을 품고 있지만, 각기 다른 영역의 생각을 한 권의 책으로 묶기는 쉬운 일이 아니었습니다. 하지만 우리의 글을 통해 스마트 시니어 시대를 열고 그 변화에 함께하겠다는 각자의 일치된 다짐이 있어 가능

했습니다.

아낌없이 자신의 옥고를 내어주신 필진 여러분과 언제나 든든한 힘이 되는 협회 회원께 감사의 말씀 전합니다.

끝으로 여러모로 부족한 점이 있지만, 이 책이 스마트 시니어로서 제2의 인생을 펼치는 데 밑거름이 되어, 우리 사회의 액티브(스마트) 시니어가 행복하고 이를 바탕으로 모두가 행복해졌으면 좋겠습니다.

2020년 9월

한국시니어플래너지도사협회 회장 金大正

제1장

스마트 시니어!
3차 성장成長을 위한
나의 도전挑戰

김대정

- 한국시니어플래너지도사협회 회장/교수
- 액티브시니어아카데미 대표
- 연세대, 이화여대, 동국대 등 평생교육원 출강

3차 성장成長을 위한 도전

열정(熱情)은 '포기하지 않는 것'이라고 정의한다. 그래서 나는 지금 행복한 사람이다. 왜냐하면, 나에게 열정이 있기 때문이다. 퇴사와 동시에 자영업을 시작한 나는 즐겁고 행복한 시절도 있었지만, IMF 구제금융 시기를 접하면서 큰 시련을 겪었고, 거기에 따라 많은 후유증도 경험했다.

고 정주영(鄭周永) 회장의 〈시련은 있어도 실패는 없다〉라는 책 제목이 나의 인생 항로가 되기도 하였으며, 어록 중에 "해 보기는 했어"라는 말 또한 나에게 큰 자극을 주었다.

현재 나는 3차 성장을 하고 있다. 대학부설 평생교육원에서 '시니어 플래너 지도사과정', '시낭송&문학 테라피 과정'을 개설하여, 열정이 있고 유능한 수강생분들을 모시고, 생애경력설계 강의를 하고 있다.

100세 시대를 살아가는 우리 사회 구조 속에, 얼마만큼 삶의 질과 행복한 삶을 살아야 하는지가 중요한 화두이며, 그중에 인간관계, 건강, 일(직업), 여가생활, 주거, 자산관리(경제) 등이 장수 시대에 당면한

핵심문제이다. 지금 시작하는 사회초년생은 생애 설계가 필요하지만, 50대 이상은 살아온 날보다 더 중요한 인생을 살아가야 하기에, 생애 경력설계가 필요하다.

이러한 내용을 가지고 영역별로 체크하는 시니어 플래너 지도사과정 (은퇴설계)을 진행한다.

갑작스러운 퇴직! 준비된 은퇴!

당했든 맞이했든, 어쨌든 모든 것은 내 책임이기에, 남은 인생은 멋지게 살아야 한다고 생각한다.

그를 위해 열정(熱情), 도전(挑戰), 3차 성장(成長)이 있지 않은가?

지금껏 가장 기억에 남는 강의는 한국시니어플래너지도사협회 주관 호주(시드니)에서 교민들 대상으로 한 생애 재설계 강의이다. 많은 사연이 있겠지만, 해외에서 열심히 살아가는 교민들 한 분 한 분이 열심히 강의를 경청하셨던 모습이 떠오른다. 다시 한 번 교민들에게 감사의 마음을 전한다.

한국시니어플래너지도사협회 학술세미나(국회회관)모습 _ 2019년 6월 5일

김대정 교수 호주(시드니) 특강 모습

배우고 익히는 기쁨

 강사가 된 계기는, 우연한 기회에 도심 한구석에 '문해 교사 수강생모집'이란 현수막 홍보를 보고 등록, 수강한 것으로 현재 나의 모습을 만들어주었다.

 문해 교사란 '일상생활을 영위하는 데 필요한 한글의 기초능력이 부족하여 가정이나 사회 및 직업생활에서 불편을 느끼는 이들을 대상으로 문자 해득(문장해석) 능력을 갖출 수 있도록 알려주고 도와주는 일'을 하는 분들이다. 수강생들은 주로 60~70대 할머니들인데, 이분들은 예전 유교적 환경과 어려운 집안 형편 때문에 학교 교육을 받지 못하고 글을 익히지 못한 탓에, 삶의 애환과 한도 많다.

 복지관, 주민 센터, 경로당, 마을회관 등 다양한 곳에서 수업하였지만, 그중 경로당, 마을회관에서는 주로 밥상을 펴고 자음, 모음 등 한 단어씩 익혀나가는 모습은 힘든 시대를 겪고 버텨내신 우리의 부모님 모습이기에 너무나 아름답고 존경스러웠다.

우리 인생은 도전의 연속이다. 시련을 겪으며 나를 위로한 것이 문해교사의 역할이었지만, 수입이 적어 '앞으로 무엇을 하면 될까?'가 고민이었다. 누구나 그렇지만 항상 자기 자신이 어떤 사람인지 망각할 때가 있다. 그래서 '내가 지금 잘하는 전문강사가 되자'라고 생각하고, 그럼 콘텐츠는 무엇으로 잡을지 또 고민하며, 인터넷 세상을 돌아다녔다.

내가 좋아하는 사자성어가 不狂不及(불광불급)이다. '미쳐야 목표에 도달할 수 있다'는 뜻이다.

서울, 경기권에서 이루어지는 시니어와 관계되는 무료교육, 기관교육, 기업교육, 새벽 세미나 등, 미친 듯이 강의를 들으러 다녔고, 전문강사가 되기 위해 제일 부족한 스피치도 학원에 등록하여 함께 수강하였다.

스피치는 강의의 기본이 되기에 무엇보다 중요했지만, 발표를 배운다는 것이 쉽지만은 않았다. 발음법, 호흡법, 시선 처리, 강의스킬 등 수업하는 일의 모든 것과 대중 앞에서 강의한다는 것이 그렇게 어려운 줄 몰랐다. 하지만 훌륭한 스승이 있었기에, 자연스럽게 배우게 되어 지금은 즐겁게 강의를 한다.

로마 철학자 '세네카'는 "죽을 때까지 사는 법도 배우고, 죽는 법도 배운다"라고 말했다. 배우고 익히는 것은 삶의 기쁨이다.

비워야 채워진다

"사람을 얻으려면 마음을 비워라", "채우려면 비워라". 인간관계에 많이 비유되는 말이다. 훌륭한 강의, 멋진 강의, 듣고 싶은 강의 등 다양한 강의를 자주 듣는다. 메모도, 녹음도 하지만, 돌아와서는 다시 보고, 듣고 할 마음의 여유가 없는 것 같다. 물론 아주 중요한 사항은 다시 듣는 일도 있지만….

그래서 나는 강의할 때 한 강좌당 꼭 도움되는 문장 한두 개만 가져가라고 말한다. 왜? 강의의 모든 내용을 기억하기는 어렵기 때문이다. 한두 문장만 기억해서 '구체적 목표 아래 실천'하는 게 더 중요하다고 생각한다.

소유하려는 건 기본적인 인간의 욕망이므로 비운다는 것은 너무 어렵다. 그것이 물질인 경우도 있고, 마음인 경우도 있다. 그나마 물질이 쉬운 편이다. 마음을 비운다는 것은 참 어렵다.

세상만사, 인간 만사 어려운 게 인간관계(人間關係)이다. 인간관계의 5가지 법칙이 있다고 한다.

시니어 플래너 지도사과정을 운영하면서 교수진과 대학원 동기로 만나고 헤어지고, 믿었던 사람한테 마음의 상처도 받은 적이 있다. 그럴 때마다 "마음을 비우자"라고 혼자 다독인다.

성인군자(聖人君子)가 아닌 이상 자신이 마음의 상처를 준 사람도 있을 거다. 하지만 실수가 아니라 의도적으로 상처를 주면 상대편은 큰 상처를 받는다.

경험상 비우고 포기하면 참 행복한 기억도 있고, 내 영역도 아니고, 내 것도 아니라고 생각하면 기분이 좋아지고, 편한 마음으로 비우면, 이상하게도 채워지는 경험도 하게 된다. 친구 관계든, 금전 문제든. 그래서 세상은 공짜도 없고, 공평하다는 생각이 들 때도 있다.

우리 인생사가 모두 비우면 채워지고, 채워지면 비우는 과정이라는 생각이 들곤 한다. 물질적이든, 정신적이든 영원한 것은 없는 것 같다.

주위에 함께하는 친구, 선후배, 동료, 동창생 등 많은 관계성에서 살아가는 우리는 항상 갈등과 선택의 기로에 서 있다. 갈등 속에 후회하지 않는 선택을 할 수도 있고, 선택을 잘못하여 큰 갈등을 겪는 경우도 항상 있다. 하지만 슬기롭게 처신하면 전화위복의 기회가 된다.

나 또한 과정을 운영하면서 불편한 관계에서 적극적인 후원자가 되어준 분들도 있고, 가까운 지인이 불편한 관계로 변한 일도 있었다. 결론적으로 '모든 게 내 탓이요'보다는 대화를 통해 소통하는 것이 최우선이고, 배려 또한 함께 이어져서 더불어 가는 것이 최선인 것 같다.

이것 또한 비우면 채워지는 방법이라 생각한다.

시낭송 대회

제2장

인간관계의 마술! 공감소통 시크릿

김선주

- 한국시니어플래너지도사협회 수석부회장/교수
- SJK 리더스코칭아카데미 대표
- 연세대, 이화여대, 제주대 미래교육원 출강

100대 시대!
인생을 행복하게 보내는 방법은?

100대 시대에 살고 있는 우리가 앞으로 남아있는 인생을 행복하게 보내기 위해서는 일을 해야 한다. 재능기부든 수익을 창출하는 일이든 사람들과 소통하면서 일을 해야 존재감을 느끼면서 더욱 건강하게 보낼 수 있다. 평생직장은 없고 평생직업은 있다는 말처럼 지금이라도 나의 꿈을 이루며 일할 수 있는 것을 찾는 인생의 재설계가 필요하다.

멘토의 권유로 시작하게 된 스피치와 이미지 컨설턴트는 지금 와서 생각하면 정말 소중한 터닝 포인트가 되었다고 생각한다. 그냥 그때 그 말을 흘려들었다면 어떤 일을 하고 있을까? 평범한 일상을 보내고 있을지도 모르겠다.

강의하면서 액티브 시니어에 관심을 두게 된 것은 4년 전쯤이다. 김형석 교수님의 스토리, 강석규 호서대 명예총장님의 인생 이야기를 접하면서 시니어에 관해 관심을 가지던 중 대학교 평생교육원에 시니어 플래너지도사 과정이 있다는 것을 듣고 접하게 되었다.

김형석 교수님은 올해 101세이신데 강의활동을 활발하게 하고 계신 것을 보면 이 시대의 진정한 롤 모델이신 것 같다. 교수님은 인생의 황

금기는 65세~75세라고 하셨다. 그 나이가 돼서야 생각이 깊어지고 행복이 무엇인지, 세상을 어떻게 살아야 하는지를 알게 된다는 것이다. 나이가 많아서 도전을 못 하겠다고 하시는 분에게 강한 각인을 준다.

강석규 호서대 명예총장의 스토리를 살펴보자.

젊었을 때 정말 열심히 일했습니다. 65세에 당당한 은퇴를 할 수 있었죠.
30년 후인 95세 생일 때 후회의 눈물을 흘렸습니다. '남은 인생을 그냥 덤이다'라는 생각으로 그저 30년을 고통 없이 죽기만을 기다렸습니다.
나는 지금 95살이지만 정신이 또렷합니다.
내 나이 95세에 어학 공부를 시작합니다. 이유는 단 한 가지.
105번째 생일에 95살 때 왜 아무것도 시작하지 않았는지 후회하지 않기 위해서입니다.

– 〈어느 95세 어른의 수기〉 글 중에서 –

이 내용을 보면서 인생 후반기가 얼마나 소중하고 또 의미 있게 보내야 하는지 가슴 깊이 느끼게 되었다.

인생을 재설계할 때 건강, 인간관계, 여가생활, 직업(일), 주거, 자산관리 등의 내용을 구체적으로 점검해야 한다. 이 과정은 나의 인생을 점검해보고 재설계할 뿐만 아니라 타인들을 컨설팅해 주는 전문가가 되는 과정이기 때문이다.

연세대 미래교육원 강의

이화여대 미래교육원 강의

최근 강의에 접목해서 '시니어의 아름다운 공감스피치기법'을 강의할 때는 호응이 좋아서 행복을 느끼고 있다. 실제로 적용할 수 있는 내용 위주로 강의한 후에 청중들로부터 '강의시간이 너무 금방 지나갔어요!', '너무 유익하고 재밌는 시간이었습니다!'라는 피드백을 들을 때 기분 좋아지고 힘이 난다.

한국시니어플래너지도사협회는 서울, 경기권뿐만 아니라 전국으로 확장될 예정이다. 그만큼 액티브 시니어의 관심이 높아지고 있다는 것이다.

자기 자신을 사랑하고 사회활동을 역동적으로 하면서 취미 생활도 멋지게 하는 삶, 진정 후회 없는 행복한 삶이라고 여겨진다

행복한 소통과
호감 가는 인상

행복한 소통의 시작

행복한 삶을 살고 있는 사람들을 관찰을 해보니, 주변 사람들과 소통을 잘한다는 공통점을 발견하게 된다.

행복한 삶을 살기 위해서는 '소통을 잘하는 사람이 되어야 한다.'

얼마 전 부부 사이에 하루 평균 대화시간을 조사해 봤더니 많은 부부가 30분 이하라고 한다. 서로 바쁘게 살다 보니 얘기할 공통의 화제와 대화시간이 부족하다.

공감소통에는 나와의 소통, 가족 간의 소통, 친구와의 소통, 조직 구성원 간의 소통 등이 있는데 소통은 행복의 질뿐만 아니라, 기업의 발전에도 상당히 큰 영향력을 미친다.

어느 대기업에서는 멘토링(Mentoring)제도를 만들어서 신입사원이 멘티(Mentee)가 되고 선배 사원이 멘토(Mentor)가 되어 업무와 기업문화 등에 대해 1대 1로 소통할 수 있는 제도를 만듦으로써 신입사원은 회사에 더욱 적응하게 되고 선배 사원도 리더십을 가지고 일하게 된다.

도서 〈어린 왕자〉에 보면 이런 대사가 나온다.

"세상에서 가장 어려운 일은 사람이 사람의 마음을 얻는 일이란다."
"순간에도 수만 가지의 생각이 떠오르는데 그 바람 같은 마음이 머물게 한다는 건 정말 어려운 거란다."

이 내용에 상당히 공감한다. 사람의 마음은 돈으로 살 수는 없다. 이 책의 내용에서 사람의 마음을 사로잡는 비법을 알려줄 것이다.

호감 가는 인상이 인생을 변화시킨다

첫인상이 결정되는 시간은 3초에서 7초 정도이며 이 시간으로 첫인상이 결정된다. 얼마 전 미국의 프린스턴 대학 심리학 연구팀에서 타인의 얼굴을 보고 그의 매력도, 호감도, 신뢰도 등을 판단하는데 걸리는 시간이 불과 0.1초라는 연구 결과(2010년)를 발표하기도 했다.

우리는 인상에 대해 많은 이야기를 한다. 인상이 좋아야 좋은 느낌으로 소통이 된다. 인상 쓰고 앉아있는 사람은 왠지 불편하다는 느낌이 든다. '첫인상이 좋은데 지내보니까 더 좋은 사람인 것 같다'라고 하면 금상첨화다. '첫인상은 좀 별로였는데 지내보니 괜찮은 사람인 것 같다'라고 하면 반전 매력이 있어서 좋다. 하지만 '첫인상 별로였는데 지내보니 더 별로다.'라는 평을 듣는다면 상당히 곤란하다.

링컨은 나이 40이 되면 본인 얼굴에 책임을 지라는 말이 있듯이 평상시 표정습관이 자신의 얼굴을 만들어 가는 것이다.

하루에 자기 얼굴을 보는 시간은 10~30분 이내일 것이다. 여성은 화장하니 조금 더 보는 것 같다. 하지만 나의 얼굴을 더 많이 보는 사람은 내 옆에 있는 사람이다. 소통에서 표정으로 의사전달 하는 부분이 상당히 크다.

얼굴의 입꼬리가 위로 향하는 모습이 기분 좋아진다. 관상학에서도 입술 모양을 복을 담는 그릇에 비유하여 입꼬리가 위로 향하면 복을 가득 담을 수 있는 형상이라고 하고 입꼬리가 아래로 쳐지면 복이 옆으로 새버린다고 한다. 나이가 들면서 중력에 의해 얼굴 살이 처지고 표정에 생기가 없어지는 경우가 많지만, 미소 트레이닝으로 충분히 멋진 표정을 가질 수 있다. 아침마다 거울 앞에서 '아, 에, 이, 오, 우~'로 얼굴 근육 운동을 해주고 '위스키~'라는 단어를 외치며 10초 머물러 있는 것을 반복한다. 1주일만 해봐도 표정이 훨씬 밝아지는 것을 느낄 것이다.

매일 아침 화장대 앞에서 이렇게 하루를 시작하면 기분까지 좋아진다. '위스키'라는 단어로 미소 지으면 효과적이다. 미소 지을 때 필요한 대협골근, 소협골근, 구각거근, 안륜근 등을 움직여주기 때문이다. 좋은 인상은 좋은 마음에서 나오듯 긍정적 정서가 느껴지는 미소를 짓는 것이 훨씬 편안하다.

미국 캘리포니아 오클랜드 밀즈칼리지 졸업생을 대상으로 하커와 켈트너가 30년 추적 연구를 한 결과 인위적 미소 집단보다 긍정적 정서가 느껴지는 미소(뒤센 미소) 집단이 훨씬 건강하고 생존율도 높았으며 삶의 만족도 높았다.

플러스 인사와
경청의 힘

플러스 인사의 매력

사람들을 만나고 헤어질 때, 고마울 때, 미안할 때 다양한 인사를 한다. 인사하는 태도를 보고 사람을 인격을 판단하기도 한다. 이왕이면 밝고 활기찬 인사를 하면 서로 기분이 좋아진다.

연예인 정준호 씨는 몇 년 전 토크쇼에서 "신인 시절 감독들이 나를 다시 캐스팅한 것은 인사를 잘했기 때문"이라고 이야기한 적이 있다. 인사를 잘하는 것은 그만큼 좋은 인성과 연결지어보기 때문이다. 인사를 할 때 이왕이면 칭찬을 곁들인 플러스 인사를 하면 아침부터 기분이 좋아진다.

"안녕하세요? 오늘 스카프가 너무 멋지네요. 잘 어울리세요."

이런 플러스 인사를 받는다면 기분 좋게 하루를 시작할 수 있다. 하지만 할까 말까 망설임이 느껴지는 인사, 무표정한 인사, 눈 맞춤을 하지 않는 인사, 받는 둥 마는 둥 하는 인사는 기분까지 상하게 한다.

인사를 잘해야 좋은 인간관계로 연결된다. 몇 년 전에 한 학기 동안 스피치교육을 받으셨던 50대 중반의 사업하시던 여성과 티타임을 같이하고 그분의 차를 타고 이동한 적이 있었다. 내가 내릴 곳에 세워주시고 인사말만 하고 그냥 가실 줄 알았는데, 차를 세우더니 차 밖으로 나와서 45도 인사를 정중하게 하는 모습에 감동한 적이 있다.

또 내가 아는 대치동 학원 상담실장은 학부모와 상담 후 꼭 엘리베이터 앞까지 정중하게 배웅인사를 하는 등 최선을 다하는 모습이 좋은 반응을 보이면서 더욱 성장하여 부원장, 원장으로 승진했다는 이야기를 듣고 인사의 힘을 다시 실감했다.

상대의 마음을 얻는 경청

이청득심(以聽得心) 경청함으로써 상대의 마음을 얻을 수 있다는 이 한자를 보면 공감된다. 우리는 많은 이야기로 상대의 마음을 얻으려고 하는데, 잘 들어줘야 상대가 마음을 연다.

고민이 있을 때 나의 이야기를 들어주는 사람이 없다면 마음의 병이 생길 수도 있다. 우리가 살아가면서 나의 이야기를 잘 들어주고 조언해주는 사람이 있다는 것은 행복한 일이다. 마음의 카타르시스까지 느끼게 해준다.

듣기의 단계를 보면 듣는척하기, 선택적 듣기, 귀 기울여 듣기, 공감적 경청의 단계로 볼 수 있다. 일반적으로 선택적 듣기를 많이 한다. 내가 관심 있는 분야에 대해서만 집중하다가 다른 생각이 나의 머리를 지배한다.

공감적 경청을 하기 위해 노력이 필요할 것 같다. 상대가 이야기할 때 내가 다른 생각을 하거나, 상대 이야기를 평가하거나, 내가 말할 것을 생각할 때는 상대에 이야기가 잘 들리지 않는다. 이야기에 제대로 몰입해서 감정까지 이입해 보자. 앞으로의 인생이 달라질 것이다.

경청하면서 적절한 맞장구가 있어야 더욱 흥미 있게 이야기가 진전된다. 동의할 때는 "네, 그렇군요", 내용을 정리할 때는 "아 이렇다는 말씀이시군요", 공감의 맞장구는 "저런 힘드시겠습니다." "정말 대단하신데요!", 이야기를 촉진할 때는 "그래서 어떻게 됐지요?" 등의 다양한 맞장구를 쳐보자.

투자의 달인 워런 버핏과 점심 한 끼 하는 경매를 했는데 지난해 40억 원에 중국 기업인에게 낙찰됐다. 낙찰자는 워런 버핏과 점심을 먹으며 투자의 노하우를 듣게 된다. 이 경우 경청을 통해 중요한 정보를 얻는 것이다.

상대의 이야기를 경청하다 보면 새로운 정보, 그 사람의 신념과 가치관, 현재의 생활, 니즈 등을 알 수 있다.

소통에서 중요한 것은 쌍방적으로 소통해야 한다는 것이다. 듣기와 말하기의 비율은 듣기: 7 말하기: 3이 좋은데, 반대로 말하기를 좋아하는 사람들이 더 많은 것 같다. 말을 너무 많이 하다 보면 실수하는 때도 종종 있다. 말을 주도적으로 너무 많이 하는 사람이 주변에 있으면 스트레스 지수를 높인다. 대화란 주거니 받거니 하는 것이 상당히 중요하다.

효과적인 소통을 위해서는 장황하게 표현하기보다는 짧고 명료하게 표현하는 것이 좋다. 짧은 시간 안에 표현해야 한다면 두괄식으로 표현하면 아주 명쾌하다.

먼저 결과를 이야기하고 경과와 이유에 관해서 설명해주면 듣는 사람은 훨씬 빠르게 이해한다. 하지만 미괄식으로 결과를 맨 나중에 표현하다 보면 듣는 사람이 지루해질 수 있다. '그래서 결론이 뭐죠?'라고 먼저 묻게 되는 경우도 많다.

사회생활을 하다 보면 많은 사람을 접하게 되는데 매너 있는 표현을 습관화하는 것이 중요하다. 쿠션 언어와 청유형, 의뢰형의 표현이 매너 있는 표현인데 쿠션 언어는 충격을 막아주는 완충작용을 하는 표현으로 '실례합니다만', '괜찮으시다면', '미안하지만' 등의 표현을 말한다. 청유형은 '~해 주시겠습니까?', 의뢰형은 '~해도 될까요?'의 표현이다. 우리는 말만 잘하는 사람보다 말도 잘하고 매너 있는 사람을 좋아한다. 그래서 쿠션 언어 + 청유형 또는 의뢰형으로 표현하면 된다.

'죄송하지만, 잠시만 기다려주시겠습니까?', '실례합니다만, 잠시 펜 좀 빌려도 될까요?' 등의 표현을 하면 상대도 흔쾌히 오케이라고 답변할 것이다.

말하는 것은 나의 언어습관을 어떻게 만들어 가느냐가 상당히 중요하다. 긍정적 표현을 습관화했는지, 부정적 표현을 습관화했는지, 5분 정도만 상대와 이야기하다 보면 성향을 파악할 수 있다.

되도록 긍정적인 말을 많이 해보자 그럼. 주변에 좋은 사람들이 나에게 더 모일 것이다. '할 수 있어요.', '가능합니다.','네 점점 좋아지고 있습니다.' 등의 표현을 습관화해보자. 성공한 사람들의 자서전을 읽어보면 자존감이 높았고 '나는 할 수 있다!'는 자기 암시적 표현을 많이 사용하면서 일에 몰입할 때 놀라운 결과를 만들어내는 사례들을 많이 접해 봤을 것이다.

상대의 마음을 움직이는
칭찬의 기술

〈칭찬은 고래도 춤추게 한다〉라는 책이 한참 베스트셀러가 된 적이 있었다. 칭찬은 인간의 잠재력을 끄집어내는 강한 힘이 있다. 어렸을 때 들었던 칭찬으로 인해 그 분야의 전문인으로 성공한 사례는 많이 찾아볼 수 있다. 어렸을 때 부모님께 칭찬받는 것이 좋아서 더 열심히 공부하고, 심부름했던 기억이 난다.

하지만 칭찬에는 기술이 필요하다. 과유불급이라고 칭찬을 과하게 하거나 어설프게 하면 역효과가 난다. 상대가 경계하게 되는 것이다. 왠지 부탁을 청할 것 같은 느낌이 들고 억지로 칭찬하는 기분을 받을 수도 있다.

칭찬할 일이 있으면 즉시 칭찬해야 효과적이다. 지난 일을 칭찬하는 것은 기억이 흐릿해진 상태라 칭찬의 효과가 반감된다. 그리고 구체적으로 상대의 변화된 모습이나 장점 등을 칭찬해야 상대방의 반응이 확실하다. 그렇기에 상대에 관심을 두고 지켜보며 칭찬할 것을 확실히 찾아야만 한다.

공개적으로 칭찬할 때 칭찬의 효과는 더 커지고 결과보다 과정과 노력하는 모습을 칭찬해주면 인정받는 느낌이 들어 더욱 열심히 하고 싶은 생각이 든다. 사람을 대할 때 긍정적인 눈으로 보면 칭찬할 일이 더 보인다.

칭찬에는 부메랑 효과도 있다. 내가 칭찬을 많이 하면 나에게 더 크게 돌아온다는 것이다. 비난과 비판하는 사람에게도 이 효과도 똑같이 적용되어 더 큰 비난, 비판으로 자기 자신을 공격하는 부메랑으로 되돌아온다.

사람들에게 존중받고 싶은 만큼 상대를 존중하라는 말이 있듯이 긍정적인 공감소통을 하는 것이 더욱 행복한 삶이 될 것이다.

'말이 씨가 된다'라는 속담이 있듯이 말에는 에너지가 있다. 에모토 마사루가 지은 〈물은 답을 알고 있다〉의 내용을 살펴보면 '사랑, 감사, 고맙습니다, 천사'라는 단어를 이야기했을 때 물 분자가 예쁜 눈꽃 모양의 모습으로 바뀌는데, '악마, 하지 못해, 짜증 나' 등의 표현을 하면 물 분자가 일그러지는 것을 발견할 수 있다고 나온다.

모로코 속담에 '말로 입은 상처는 칼로 입은 상처보다 깊다.'라는 말이 있듯이 말은 항상 조심하며 이왕이면 좋은 말을 많이 해야겠다.

그동안 많은 강의를 하면서도 청중으로부터 '강의가 너무 좋았습니다. 행복한 시간이었습니다.'라는 칭찬을 들을 때 더욱더 에너지가 생겨나는 것 같고 무대에서 힘을 얻는다. 칭찬이란 상대의 잠재력을 끄집어낼 수 있는 아주 소중한 보석과도 같다.

다름을 인정하는 소통

공감소통에서 중요한 것은 역지사지(易地思之)이다. 상대방 처지에서 생각하다 보면 답이 금방 나온다. 남편은 아내 처지에서, 아내는 남편 처지에서, 자녀는 부모 처지에서 사장은 직원 처지에서 조금 더 생각해 본다면 서로 타협점을 잘 찾아낼 수 있다.

내가 좋아하는 것을 상대도 좋아할 것이라고 착각하며 살아가는 경우도 많다. 많은 사람이 한우를 좋아한다고 해도 채식주의자에게는 맛있는 음식이 아닐 것이다. 참치회가 고급스럽고 맛있다고 생각해도 생선회를 먹지 못하는 사람에게는 불편한 식사자리가 될 것이다. 프라이드치킨을 먹을 때도 나는 다리를 좋아하지만, 상대는 날개를 좋아할 수 있다. 상대와 소통하고 제대로 알아야 원활한 소통을 할 수 있다.

나이가 들어갈수록 이야기를 반복적으로 하거나, 자기주장이 강해서 경청이 약해지고 타인에 대한 배려심이 부족해지는 경향이 있다. '내가 인생을 살다 보니 이렇게 해야 한다'는 식의 표현이다. 하지만 다양한 연령층과 소통하기 위해 열린 마음이 필요하다.

공자께서는 근자열 원자래(近者悅 遠者來)라는 이야기를 하셨다. 가까운 사람을 기쁘게 하면 멀리 있는 사람이 내게로 찾아온다는 뜻이다. 현대에도 멋지게 적용될 수 있는 내용이다. 하지만, 우리는 가까운 사람은 너무 편하다고 함부로 대하는 경우가 종종 있다. 정말 소중한 사람은 옆에 있는데 멀리서 좋은 사람을 찾는다는 것은 잘못된 생각인 것 같다.

사람을 대할 때 호감 가는 표정, 기분 좋은 플러스 인사, 상대의 마음을 얻는 경청의 자세로 칭찬하고 다름을 인정한다면 행복한 소통을 할 수 있다.

앞으로도 전문강사로서 청중과 기분 좋은 소통을 하는 것이 나의 행복한 삶이라고 생각한다. 가족, 친구, 그 외에 많은 사람과 원활한 공감소통을 하면서 더욱 행복해지기를 희망해본다.

[참고문헌]

* 〈물은 답을 알고 있다〉, 에모토 마사루

* 〈회복 탄력성〉, 김주환

* 〈어린 왕자〉, 앙투안 드 생텍쥐페리

제3장

행복하고 성공적인 인생 스토리

김남희

- 이화여대 교육대학원 석사
- 시니어 플래너지도사/액티브시니어 지도사
- 연세대 미래교육원 출강
- 이화여대 글로벌미래교육원 출강
- 동국대 평생교육원 출강
- 경기대 평생교육원 출강
- 전) 서일대, 한양대, 서울시립대 강사
- 전) 동남보건대 겸임교수

마음 부자

100대 시대가 되면서 삶의 질과 행복에 대해 많은 사람이 생각하고 행복해지려고 노력한다. 어떻게 살면 더욱 행복해질까? 행복은 주관적인 느낌이기 때문에 개인차는 있겠지만, 행복에 관해 연구한 사람들이 내놓은 공통적인 통계자료들은 많다.

행복하고 성공적인 인생을 살기 위해서는 마음 부자, 인맥 부자, 자산부자, 취미 부자가 되어야겠다.

몸이 건강해도 마음이 병들면 행복하지 않다. 마음에는 급수가 있는데 평범한 마음으로 살아가는 이들이 가장 많다. 하지만 도전과 한계를 넘고 최고의 마음으로 살아간다면 성공과 행복을 다 느끼며 살아갈 수 있다.

행복하고 성공적인 인생?

마음 부자 / 인맥 부자 / 자산 부자 / 취미 부자

- 1급 최고의 마음 – 성공과 행복

- 2급 도전, 한계를 넘는 마음 – 성공하는 삶

- 3급 평범한 마음 – 현실에 충실한 삶

- 4급 육체의 욕구에 따르는 마음

- 5급 비정상적인 마음 – 게임, 도박

이 내용처럼 5급의 마음으로 살아간다면 인생이 황폐해질 것이다. 마음도 꾸준한 노력과 훈련이 필요하다. 그래서 매일 명상과 긍정적 자기암시를 실천해보자. 삶이 더욱 풍요로워질 것이다.

어떤 분은 감사 일기를 매일 작성하면서부터 인생이 긍정적으로 많

	LUX	의식수준	감정	행동
	700~1000	깨달음	언어이전	순수의식
	600	평화	하나	인류공헌
	540	기쁨	감사	축복
POWER	500	사랑	존경	공존
	400	이성	이해	통찰력
	350	포용	책임감	용서
	310	자발성	낙관	친절
	250	중용	신뢰	유연함
	200	용기	긍정	힘을주는
	175	자존심	경멸	과장
	150	분노	미움	공격
	125	욕망	갈망	집착
	100	두려움	근심	회피
FORCE	75	슬픔	후회	낙담
	50	무기력	절망	포기
	30	죄의식	비난	학대
	20	수치심	굴욕	잔인함

이 바뀌고 행복해졌다고 이야기한다. 사랑하고 존경하는 마음, 감사의 마음으로 살면 우리의 의식 레벨도 상승한다.

자신의 의식 레벨이 어느 위치인가 표를 보며 체크해 보자.

의식 수준이란? 콜롬비아대학의 정신의학자 데이비드 호킨스 박사의 연구결과물이다. 이 연구과제는 20년간 수백만 명의 임상시험을 거쳐 만든 도표인데, 인간의 의식 수준을 LUX라는 단위를 사용하여 총 17단계로 분류하고 있다. 의식 수준 단계가 높을수록 창조와 성장의 미래를 맞이할 것을 암시하고 있다.

LUX의 단계에 따라 당신의 삶의 질이 어느 정도인지 판단할 수 있다.

200 미만 ┈▸ 부정적인 삶
200~400 ┈▸ 긍정적인 삶
400~500 ┈▸ 이성적인 삶
500~570 ┈▸ 사랑에 가득 찬 삶
570~1000 ┈▸ 성인 or 깨달음의 삶

자신이 가진 것과 있는 것에 집중하면 감사의 마음이 생기면서 의식 레벨도 올라가게 된다.

어려서부터 부모님께 많은 사랑과 인정, 격려를 받아서인지 늘 자신감이 넘쳤다. 어린 시절 어머니는 추운 겨울을 이겨내고 가장 먼저 피어나는 노란 개나리처럼 밝고 희망적인 사람이 되라고 늘 말씀하셨다. 지금도 개나리를 보면 그때 생각이 난다. 그리고 중학생 시절 '빨간 머리 앤'이란 책을 읽고 고아였던 앤의 명랑한 성격에 완전히 매료되어 이 책의 주인공처럼 밝고 긍정적인 삶을 살아야겠다고 결심하였다. 어려운 환경에 놓여 있더라도 마음가짐에 따라 행복해질 수 있다는 것을 알게 되었다.

살다 보면 위기상황을 잘 극복하는 사람이 있는가 하면, 그렇지 못한 사람도 있다. 이것은 회복탄력성의 차이이다.

회복탄력성이란 제자리로 돌아오는 힘을 일컫는 말로 '회복력' 또는 '탄력성'을 뜻하며 심리학에서는 주로 시련이나 고난을 이겨내는 '긍정적인 힘'을 의미한다. 회복탄력성이 높으면 스트레스 상황에 노출되더라도 잘 극복할 수 있으며 우울증 발병을 낮출 수 있다.

회복탄력성을 높이기 위한 실천 Tip으로는 하루 2회 매 10분 정도 명상을 통해 뇌에 휴식을 주어 뇌의 알파파를 활성화하는 것이다. 잠자기 전에 하루에 일어난 감사한 일에 관한 내용을 짧게 기록을 하는 것 또한 효과적이며 이는 집중력을 키워주며, 자신감과 대인관계에 긍정적인 효과가 있다.

가끔 하늘이나 먼 산 바라보기 등 멀리 보는 행동은 자신에게 휴식과 함께 자신을 되돌아보는 시간을 제공한다. 그러면 창의적인 아이디어도 더 잘 떠오른다.

나의 창의적 발상은 이화여대 무용과 교수이셨던 어머니가 교육 열의를 가지고 초등학교 시절 읽게 했던 동화 전집을 통해 형성되었다. 세계 여러 나라의 문화를 접할 수가 있었고, 중·고등학교 시절 독서클럽에 들어가서 독서토론회도 활발히 진행했었다. 이렇게 학창시절에 접했던 책들을 통해 창의적 발상과 상상력으로 연결되었던 것 같다.

책과 더불어 어린 시절 자연 속에서 친구들과 다양한 놀이 활동을 통해 정서적 안정에 도움을 주었고 풍부한 상상력을 가지게 했다. 그 상상력을 바탕으로 현실에서 일할 때 아름답게 해결하는 습관이 생겨났고, 위기상황을 극복할 수 있는 지혜와 힘을 키우게 되었다. 대학교 겸임교수 시절 유아교육과 학생들을 대상으로 강의할 때도 '브레인스토밍'을 활용한 강의를 하면서 교육에도 접목하게 되었다.

나의 삶은 늘 미래지향적이다. 위기상황에서 창의적 발상을 떠올리고 앞으로 3~4년, 10년 후의 목표를 설정해 나간다. 그래서 액티브 시니어로서 사회활동을 할 수 있게 되었다.

최대 전성기에 유치원 교육사업을 하면서도 노후를 미리 준비하기 위해 50대 중반부터 시니어과정을 공부하면서 노후대책을 생각했다. 내가 나중에 교육사업을 하지 않고 나이 들어 일을 못 하게 되어도 경제적으로 여유 있게 보내기 위해 어떻게 하면 될까? 고민하면서 미리 연금과 보험을 들고 나의 건물을 통한 임대수익을 젊어서부터 저축하고 또 열심히 일하면서 미래를 준비했다.

인맥 부자

나이가 들면 점점 외로움이 증가한다. 사회생활을 왕성하게 했던 젊은 시절에는 일과 관련된 인맥이 많았으나 나이가 들면서 정말 친한 친구만이 내 주변에 남게 된다. 지금까지 남은 나의 소중한 인맥을 잘 이어가는 것은 매우 중요하다.

나의 만남의 철학은 give & take가 아닌 give & give로 상대와 동등한 관계라고 생각하지만, 상대를 더 존중해주면서 대하다 보니 인간관계가 더 깊어지고 친자매처럼 지내게 되는 것 같다.

기분 좋은 인간관계를 위해서는 내가 먼저 다가서서 인사하고 말을 건네는 자세가 필요하다. 특히, 대인관계에서는 신뢰가 무엇보다도 중요한데 평상시에 약속을 잘 지키고 솔선수범하는 모습에서 신뢰를 느낀다.

상대에게 설렘을 주는 사람은 어떤 사람일까? 매력 있는 사람이 설렘을 준다. 좋은 인상, 상황에 맞는 표현력, 매너를 갖춘 사람, 자기 일에 최선을 다하는 사람을 좋아한다.

영국의 어느 출판사에서 상금을 걸고 친구라는 말의 정의를 공모한
글 중에서 1등 한 내용은 '친구란 온 세상 사람이 내 곁을 떠났을 때
나를 찾아오는 사람이다.'라고 정의 했다. 그리스 철학자 에피쿠로스는
'한 사람이 평생을 행복하게 살아가는 데 필요한 것 가운데 위대한 것
은 친구다'라고 이야기했다.

그만큼 예로부터 친구란 가장 소중한 인간관계 중의 하나이다. 나의
고민을 경청해 줄 수 있는 친구가 있다는 것만으로도 치유되고 행복하
다. 20대부터 알고 지내는 후배가 얼마 전 손편지와 함께 선물을 보내
왔다. 손편지의 내용이 내 가슴을 뭉클하게 했다.

'언니!'라고 부르기만 해도 가슴이 울컥하게 하는
사랑하는 울 언니!
늘 고맙고 감사하고···.
난 죽을 때까지 언니 곁을 지킬 거예요.
무조건 건강하세요.

편지 내용 중에서

자산 부자

행복한 액티브시니어가 되기 위해서는 자산관리도 중요하다. 이를 위해 빌 게이츠 마이크로소프트 회장이나 마크 저커버그 페이스북 최고경영자처럼 자수성가로 세계 최고 부자 반열에 올라선 부호들은 어떤 습관들을 갖고 있을까를 살펴보며 자산관리에 도움을 받자. 물론 성공에는 능력과 운이 중요하겠지만 그래도 이들을 성공으로 이끈 공통점이 적지 않다. 2009년 〈부자 습관: 부유한 개인들의 일상 성공습관〉을 펴내 세계적인 베스트셀러 작가가 된 토머스 콜리는 '부자들의 하루 습관에는 공통된 특정 패턴이 있다'고 설명했다. 미국 공인회계사(CPA)이자 종합개인재무설계사(CFP)인 그는 자수성가형 백만장자 233명을 오랫동안 분석해 왔다.

첫 번째 습관은 독서이다.

부자들의 무려 88%가 하루 30분 이상 책을 읽었다. 주로 읽는 책은 소설이나 오락물이 아닌 위인들의 전기나 역사, 자기계발 서적과 같은 논픽션 소재였다. 투자의 귀재 워런 버핏 버크셔해서웨이 회장도 "그냥 사무실에 앉아서 온종일 책을 읽는다"고 자신의 중요한 버릇을 털어놓은 적이 있다.

두 번째 습관은 머릿속을 정리하고 냉철함을 유지하기 위한 명상이다.

타임은 명상이 단순히 요가 애호가들의 취미가 아니라 기억력을 강화하는 등 육체적, 정신적으로 이익이 있는 활동이라고 소개했다.

트위터를 창업한 잭 도시는 매일 오전 5시에 깨어나 명상하는 것으로 하루를 시작한다.

세 번째 습관은 아침형 인간으로 사는 것이다.

콜리가 설문 조사한 부호들 절반 이상이 하루 일을 시작하기 3시간 전에 일어났다. 일어난 뒤엔 보통 작업이나 운동, 하루 일을 계획하는 데 시간을 보낸다.

네 번째 습관은 충분한 수면 시간을 갖는 것이다.

많이 자면서 아침형 인간이 된다는 것은 매우 어렵다. 하지만 분명한 점은 백만장자들의 89%가 하루에 7~8시간, 그 이상도 잔다. 수면은 기억력과 창의력을 향상하는 데 매우 큰 영향을 미친다고 콜리는 강조했다. '인류 최고의 천재'로 불리는 물리학자 알베르트 아인슈타인 역시 "최선을 다하는 하루를 보내기 위해서는 10시간을 자야 한다"고 언급한 바 있다.

다섯 번째 습관은 매일 꾸준히 운동하는 것이다.

부자들의 76%가 하루 30분 이상 자전거를 타거나 조깅을 했다. 억

만장자인 리처드 브랜슨 버진그룹 회장은 신체 컨디션이 좋을 때 생산성이 두 배라는 지론을 펼친다.

여섯 번째 습관은 소통하는 기술을 의식적으로 연마하는 것이었다.

브랜슨 회장은 "커뮤니케이션은 리더들의 가장 중요한 기술"이라고 말했다. 성공한 부자들은 명확히 소통하는 법을 알고 있으며 또 이 분야의 능력을 키우기 위해 열심히 노력하고 있다. 버진그룹 회장 리처드 브랜슨은 "소통을 열심히 하려고 노력하면 삶의 모든 부분을 질적으로 개선할 수 있다"라고 이야기한다.

일곱 번째 습관은 자신과 대화를 하는 것이다.

혼잣말한다는 것이 아니라 내적인 대화를 완성하는 데 더 집중하는 것이다. 자기계발 학자인 미첼 스태비키는 고도의 역량을 발휘하는 이들이 자신과 대화를 하고 연구 결과를 내놓은 적이 있다.

콜리는 자신에게 말을 걸면 상황을 객관적으로 보고 자신에게 동기를 부여하는 데 도움이 된다고 설명했다.

투자의 달인 워런 버핏을 예로 들어 성공습관을 보면

1. 적은 돈을 아껴야 큰돈을 번다.
2. 조기 경제교육이 평생의 부를 결정한다.
3. 책과 신문 속에 부가 있다.
4. 본받고 싶은 부자 모델을 찾아라.
5. 시간을 아끼는 사람이 진짜 부자다.
6. 정직하게 번 돈은 세상에서 가장 아름답다.
7. 많이 버는 것보다 잘 쓰는 것이 더 중요하다.
8. 남에게 관대하고 자기에게 엄격하라.
9. 솔직함보다 부유한 유산도 없다.
10. 가슴에 정열을 품어야 부가 따라온다.
11. 부자는 끈기로 무장한 사람들이다.
12. 인생의 최고의 투자는 친구이다.
13. 자기 일을 즐길 때 부가 따라올 것이다.
14. 남들과 다른 자신만의 원칙을 세워라.
15. 젊다는 것이 가장 큰 자산이다.

워런 버핏은 독서를 통해 많은 정보를 얻고 투자의 노하우를 얻었다. 특히, 스스로에게 투자하라고 강조하는데 이 세상에서 가장 큰 자산은 바로 자기 자신이기 때문이다. 자신은 다양한 잠재력을 품고 있지만,

그 잠재력을 아주 조금만 쓰면서 살아가고 있다. 그러니 스스로에게 투자하는 것이 바로 최고의 투자라고 강조한다.

나의 성공습관 중에서 가장 큰 부분은 꾸준한 공부와 독서이다. 성공 관련 서적이나 유튜브를 지금도 꾸준히 읽고 보면서 아이디어를 떠올리거나 미래를 계획한다. 요즘도 최고위 과정을 수강하면서 새로운 콘텐츠를 계속 공부한다.

내 삶의 좌우명은 '최소비용으로 최선을 다해서 최대의 효과를 내자'이다. 그렇게 하기 위해서는 창의적 아이디어, 전문적인 노하우, 인맥 활용, 철저한 시간 관리 등이 복합적으로 조화를 이룰 때 효과가 커진다.

치과의사인 아버지와 이대 무용과 교수이셨던 어머니의 무남독녀로 태어난 나를 보고 부모님의 유산을 많이 받은 줄 알고 있다. 하지만 나는 자수성가형이다.

20대부터 소자본으로 교육사업을 시작하면서 많은 시련과 위기상황을 잘 극복했기에 지금 현재의 나의 모습이 있는 것이다. 유치원 교육사업을 시작하기 전에 시장조사를 위해 소형 아파트 단지를 돌며 아이들이 많이 있는지 없는지를 발로 뛰며 확인했다. 그래서 정한 곳이 상계동 아파트 중심에 터를 잡고 30년 동안 교육사업을 했다.

주변 유치원보다 경쟁력을 갖추기 위해 몬테소리 교육과 아이들의 자세교정을 위한 발레 수업, 처음으로 급식을 도입하여 점심을 먹여서 아이들을 귀가시켰던 차별성으로 이 일대에서 개원 당일 마감하는 원으로 아주 유명해졌다.

내가 발레 교육에 관심을 두게 된 것은 어렸을 때 나의 롤 모델인 어머니 덕분이었다. 이화여대 무용학과 교수이셨던 어머니를 따라 이화여대에 가면 학생들이 공손하게 인사하는 모습과 강의하시는 모습에서 '멋지다'라는 생각이 들었고 성공한 어머니의 모습에 나도 기분이 좋아졌다.

그렇기에 초등학교 시절 발레를 배우고 싶어 어머니 손을 잡고 한참을 찾아 헤맸는데도 그 당시 발레학원을 찾기란 너무 힘들었다. 결국, 명동에 있는 YWCA에서 대학생 언니들과 발레를 배운 것이 아직도 기억에 생생하다. 대학생 언니들은 초등학생인 나를 귀여워하며 챙겨주었다.

어머니의 유전자를 받아서인지 동작을 익히는 것은 그리 어렵지 않았고 습득이 빠른 편이었다. 어렸을 때 발레를 배우면 자세교정에 좋다는 것을 알고 유치원 교육에 접목하니 학부모들의 반응이 너무나 좋았다.

최선으로 양질의 교육과 감동을 주는 서비스로 전국 시범 유치원으로 선정되어 교육부장관상을 받게 되었다. 그 후 전국에서 원장들이 견학을 와서 그 노하우를 배워가곤 했다. 지금도 그때를 생각하면 흐뭇하고 미소가 지어진다.

나의 성공의 원동력은 부모님에게 독립심과 꾸준히 공부하게끔 환경을 만들어주신 것에서 시작된다. 초등학교 시절 부산까지 가는 기차를 혼자 타는 연습을 하게 했다. 어머니께서는 만약 길을 잃어버렸을 때 대처해야 하는 방법을 상세히 알려주셨다.

나이가 들면서 성장할 수 있는 것은 나만의 전문성이 있는 일을 주체적으로 하는 것이라고 생각한다. 그래서 평생 전문성을 가지고 일할 수 있는 나에게 맞는 전공을 선택하는 것이 매우 중요하다. 대학 시절 유아교육과를 선택해서 그 전공을 살려 교육사업을 할 수 있었고 이대 교육대학원 석사과정을 졸업한 후에는 학부에서 겸임교수로 강의하게 되었다.

취미 부자

인생을 살아가면서 여가를 제대로 활용하는 사람이 삶의 만족도가 높다. 여행이나 운동, 댄스, 악기 연주 등 주변을 둘러보면 다양한 취미 생활이 있다. 그중 내가 행복해 질 수 있는 취미를 만들어보자.

젊어서부터 시간이 날 때마다 세계 여행을 하게 되었다. 여행을 통해

에베레스트 정상 정복기념

이집트 여행

새로운 동기부여도 받고 힐링이 많이 된다. 그래서 세계 여행을 하고 돌아오는 비행기 안에서 다음번 여행할 나라를 바로 정하고 실행하는 것이 나의 좋은 습관 중의 하나이다. 얼마 전 여행 이야기를 책으로 내어 주변 분들과 스토리를 공유하면서 더욱 행복해졌다.

댄스와 노래도 꾸준히 배워서 실력이 많이 향상되었다. 크루즈 여행할 때 드레스를 입고 댄스는 필수라고 생각해서 제대로 여행을 즐기기 위해 시간 나는 대로 배웠는데 역시 활용가치가 높았다. 매력적인 사람이 되려면 다양한 취미 생활을 통해 나를 제대로 표현하는 사람이 되는 것도 상당히 멋진 일이다.

아르헨티나 탱고

브라질 삼바 댄스

어린 시절 10대부터 취미 생활로 뜨개질을 해왔는데 이제는 머플러, 스웨터뿐만 아니라 코트까지 가능하다. 남들은 가게에서 샀다고 생각하고 '어디서 샀어요? 너무 예쁘네요'라고 종종 이야기하기도 한다.

가족들의 옷을 뜨개질할 때면 사랑도 같이 들어간다. 남편과 아들은 내가 스웨터나 머플러를 떠주면 너무 좋아하고 자주 입고 다니면서 행복해하는 모습에 더욱 에너지가 생긴다.

남편 조끼   아들 스웨터   코트

나의 꿈을 이루기 위한
3가지 전략

초등학교 동창인 연세대 국문학과 교수인 신 교수가 나에게 '태양을 삼켜버린 여인'이라고 이야기하면서 청중들로부터 긍정의 박수를 받은 적이 있다. 그만큼 나의 인생을 열정적으로 살아온 것에 대해 인정한 멘트이다.

난 여기서 새로운 발상이 떠올랐다. 내 자서전 제목을 '태양을 삼켜버린 여인'으로 할 것이라는 새로운 계획이 생겼다. 나는 늘 도전한다. 도전하면서 꿈을 이루기 위해서는 3가지 전략이 필요하다.

1. 변화해야 한다

인생의 꿈을 이루기 위해서는 현실에 안주하기보다는 변화를 수용하고 도전하는 자세가 중요하다.

변해야 기회를 잡을 수 있다는 말

"변화 속에 반드시 기회가 숨어 있다."
빌 게이츠(Bill Gates)

이 있듯이 안 좋은 습관이 있으면 좋은 습관으로 만들려는 노력이 필요하다.

2. 꿈을 자기암시 해라

원하는 것은 1만 번 외치면 꼭 이루어진다는 인디언 속담처럼 간절하면 실천하게 되고 성취하게 된다.

내가 원하는 것을 생생하게 꿈꾸고 이미지화시켜보자.

3. 시간 관리를 잘하자

"내가 헛되이 보낸 오늘은 어제 죽은 이가 그리도 갈망하던 내일이다."

시간이 얼마나 소중한 것인가 알 수 있는 내용이다. 인생 후반기 여가가 많이 늘어나는데 이 시간을 잘 활용해서 취미활동과 재능기부 등 보람 있는 시간으로 활용한다면 더욱 가치 있고 행복한 삶이 될 것이다.

4. 늘 배우고 도전하는 사람은 아름답다

행복하고 성공적인 인생 이야기를 만들어나가기 위해 늘 긍정적인 마음과 감사하는 마음으로 깊고 따뜻한 인간관계를 위해 내가 먼저 다가서는 마음가짐이 필요하다.

여유로운 취미 생활과 여행을 다닐 수 있는 경제적 여유를 위해 지금부터라도 계획하고 실행하는 액티브 시니어가 되길 희망한다.

행복은 마음먹기에 따라 달려 있다. 인간의 잠재력은 무한하므로 내가 끄집어내서 활용하기 나름이다.

기분 좋은 변화를 위해 오늘부터 매일 실천할 것을 적어보자. 독서, 운동, 명상, 기분 좋은 인간관계 등을 실행한다면 내 삶의 방향이 더 활기차고 밝아질 것이다.

구체적으로 목표를 정해놓고 실천하다 보면 1년 후 10년 후 나의 모습은 더욱 멋지게 성장해 있을 것이다.

[참고문헌]

* 〈의식 수준 넘어서〉, 데이비드 호킨스

* 〈부자 습관〉, 토머스 콜리

제4장

사랑
심리학과
애도

김용숙

- 홍익대학교 미술대학 졸업
- 순천향대학교 건강과학대학원 미술심리치료 전공
- 한국임상미술치료협회 교육이사, 미술심리상담사, 조향심리상담전문가, 부모교육상담사, 어린이집원장
- 현, 시흥경찰서 위기청소년 예술인성교육 '사랑의 교실', 한국임상미술치료협회 꿈의 학교 '향을 디자인하다', 행안부 청소년 예술인성교육, 파주 정신건강증진센터 미술치료 활동
- 자연아트어린이집 운영
- '꿈 그림' 작업

사랑이란?

　네이버 지식in을 보니 사랑을 정의해 달라는 중학생의 요청이 있었습니다. 사람들은 사랑의 종류에는 아가페, 에로스, 필레오, 스톨케가 있다고도 하고 서로 위하는 마음이라고도 하였습니다. 혹은, 질문한 중학생 본인이 느끼는 사랑에 대한 생각이 사랑의 정의라고도 하였습니다. 이를 통해 누구나 '이것이 사랑이다!' 라고 정의하기를 어려워한다는 것을 알 수 있습니다. 이처럼 사랑은 너무 깊고 넓고 심오하고 주관적이라 사람마다 느끼는 점이 다른 것 같습니다. 사랑의 이러한 특성 때문에 오랫동안 과장되거나 신성시하거나 환상적으로 생각하고 다루어져 우리와 밀접한 관계가 있음에도 어렵게 여기는 점이 있습니다.

　버쉴드와 일레인(1978)은 사랑의 정의를 4가지로 기술하였습니다.
　첫째, 진정한 사랑은 확실히 자각한다는 정의입니다.
　둘째, 사랑에 빠지는 것은 어쩔 수 없는 믿음이라는 정의입니다.
　셋째, 진정한 사랑은 영원하다는 정의입니다.
　넷째, 사랑은 모든 것을 이겨낸다는 정의입니다.

류승아, 서혜희, 정진복(2015)은 이 4가지의 정의를 논박하였습니다.

첫째, 연애 중의 커플 대부분이 상대를 진정 사랑하고 있는지 확신이 없다고 대답하는 조사가 있었다는 근거를 들었습니다.

둘째, 사랑하는 것은 개인의 선택이므로 두 번째의 정의는 맞지 않는다고 하였습니다.

셋째, 영원한 사랑이 없음은 우리 모두 아는 사실이므로 사랑을 지속하도록 노력하는 것이 더 중요하다고 하였습니다.

넷째, 높은 이혼율이 정의가 아님을 증명한다고 하였습니다.

부스(1988)는 대학생들을 상대로 사랑이라고 경험되는 경우가 어떤 것이냐고 질문하였습니다. 대학생들은 누군가를 사랑한다고 판단되는 증거로 다른 이성과의 관계를 정리하는 것, 결혼 약속을 하는 것, 미래 자녀를 희망하는 것, 둘의 미래계획을 세우는 것 등을 들었습니다. 이러한 점들은 다른 이성에 대한 배타적이고 독점적인 상태를 나타내고 있습니다.

스텐버그(1986)는 사랑의 요소로서 열정(passion), 친밀감(intimacy), 관여(commitment)를 들어 삼각형의 구조를 이룬다고 하였습니다. 열정(passion)이란 동기적 요소로서 생리적 흥분, 성적 욕구, 신체적 매력입니다. 사랑하는 상대방에게 접근하려는 동기나 에너지 발현의 기초입니다. 마음은 물론 신체적으로 가까이 가도록 움직이는 추동적 힘입니다. 친밀감(intimacy)은 감정적 요소로서 서로에게 느끼는 친밀 정도, 애정, 따뜻함, 배려, 보살핌, 잘해주는 것을 의미합니다. 관여

(commitment)는 인지적 요소로서 타인을 사랑한다는 결정과 장기적 관계를 유지하려는 의도입니다. 말이나 마음에 그치지 않고 자신과 상대방에 대한 결단과 책임, 약속 같은 요소입니다.

열정과 친밀감, 관여가 다 함께 어우러진 사랑은 가장 이상적인 사랑입니다. 열정과 친밀감은 있는데 관여가 없는 사랑이라면 낭만적 사랑입니다. 열정은 있는데 친밀감과 관여가 없다면 첫눈에 반하는 사랑입니다. 열정은 없고 친밀감과 관여가 있다면 동반자적 사랑입니다. 열정과 친밀감 없이 관여만 있다면 공허한 사랑입니다.

여러분은 어떤 사랑을 하고 있으신가요?

우리는 왜
사랑에 빠지는가?

인류학자 헬렌 피셔(2004)는 사랑에 빠지거나 실연당한 사람들을 대상으로 한 연구를 통해서 3가지의 두뇌 프로그램을 소개했습니다. 첫째, 욕망 프로그램, 둘째, 로맨스 프로그램, 셋째, 애착 프로그램입니다. 사람들은 이 세 가지의 프로그램을 할 수 있도록 기본적으로 프로그래밍 되어있다는 것으로서 대부분의 사랑을 하는 사람들은 이 3가지의 과정을 겪는다고 합니다.

첫 번째 욕망 프로그램은 자손을 번식하고 좋은 유전자를 남기기 위해 자신의 DNA의 결함을 충족시키는 사람을 만날 때 신체에 화학작용이 일어나 끌리게 된다는 것입니다.

두 번째 로맨스 프로그램은 서로 끌려 잠자리를 하게 되며 이때 신체 내 호르몬이 상승, 분비되고 천국에 가 있는 기분과 함께 안락감을 느낀다는 것입니다. 이것은 쾌락이라는 즉흥적인 보상이 주어지기 때문에 세상이 전부 아름다워 보입니다. 다만 아쉬운 것은 유효기간이 있으며 최장 18개월이라고 합니다.

세 번째, 애착 프로그램은 미친 사랑이 반복되는 동안 연인에게 안정감을 느끼게 되고 편안하게 느껴지게 되면서 안전기지로 생각하게 됩니다. 더불어 18개월이 지나 더는 사랑의 분비물이 생성되지 않게 됩니다. 자신을 이해해 주기를 바라게 되고 의존과 함께 양육적인 태도를 상대에게 바라게 됩니다. 또한, 서로를 잘 안다고 생각되어 서로 인격적 민낯을 경험하게 됩니다. 바로 애착 프로그램이 필요한 시기가 도래한 것입니다.

욕망 프로그램과 로맨스 프로그램은 애착 프로그램을 위한 준비 단계입니다. 우리가 생의 주기마다 달성해야 하는 과업들이 있듯이 사랑 프로그램의 마지막 단계에서도 달성해야 하는 과업이 있습니다. 양육이지요. 양육과업을 달성하려면 인내가 필요하고 노력을 기울여야 하며 스트레스도 작용합니다. 동반자와 갈등이 생길 수 있고 협력이 필요하므로 관계를 잘 풀지 못하면 어려움이 생겨납니다. 더욱이 애착 프로그램이 절대적으로 필요한 차세대가 생기기도 합니다.

사람들은 이 시기에 스트레스를 많이 받습니다. 부모와 애착 형성이 잘된 사람은 이 시기에 생긴 스트레스를 잘 이겨낼 가능성이 큽니다. 스트레스를 잘 이겨내지 못하면 스트레스 장애로 진전됩니다. 바로 사랑 후 스트레스 장애인 PRSD(Post Romantic Stress Disorder)입니다.

사랑의 시작,
애착 이론과 대상관계 이론

애착(attachment)이란 특정인과 접촉하고 근접하려는 정서적 유대 관계에 대한 지향성을 말합니다. 사람들은 어릴 적 최초의 인간관계인 어머니와의 상호작용을 통해 표상을 형성하고 기억 속에 저장하게 됩니다. 이것은 대인관계에 대한 기대 틀이 되며 내적 표상의 기초가 됩니다. 어머니와의 관계특성이 향후 대인관계의 양상과 질을 결정한다는 것입니다.

할로우(1971)의 새끼원숭이 실험은 '유아의 애착은 먹이를 얻기 위한 생리적 욕구에서 비롯되었는가?'에서 출발한 실험입니다. 태어난 직후의 원숭이를 생리적 어머니와 분리해 헝겊 어미 인형과 젖을 주는 철사 어미 인형과 지내게 하였습니다. 새끼 원숭이들은 젖을 먹을 때만 철사 어미 인형에 가고 낯선 물체가 들어오는 무서운 상황이나 평소에는 헝겊 어미 인형에게 가 있었습니다. 결론적으로 애착은 먹이와 같은 생리적 욕구에서 생기는 것이 아니라 접촉이나 따스한 정서, 심리적 욕구와 관련된다는 것을 보여줍니다.

보울비(1980)는 애착의 유형에는 어떤 것이 있는지 유아를 대상으로 낯선 환경에 있게 한 후 반응을 살폈습니다. 어머니와 유아가 일정 시간 놀이방에서 지내게 한 후 유아를 두고 어머니가 방을 나간 다음 유아들의 반응을 살펴본 것입니다. 그 후 다시 어머니가 방으로 들어온 다음의 유아 반응을 분류해 애착의 유형을 나누었습니다. 안정 애착유형, 불안-양가 애착유형, 회피 애착유형입니다.

유아가 어머니와 분리된 후 잠시 불안해하더니 곧 혼자 잘 놀고 어머니가 돌아온 후 반갑게 맞이한 유형은 안정 애착유형입니다. 유아가 어머니와 분리된 후 과도하게 불안해하거나 파괴적인 행동을 보이고 재결합 시 화를 내거나 피하는 유형은 불안-양가 애착유형입니다. 유아가 어머니와의 분리와 재결합에 무반응으로 일관되게 반응하였다면 회피 애착유형입니다. 어머니와 형성된 애착유형은 전 생애에 걸쳐 지속한다고 합니다.

세이버와(1992), 하잔(1993)은 성인 가운데 약 55%가 안정 애착을 보이고 대인관계에서 상호의존하는데 편안해 하고 신뢰한다고 보고하였습니다. 이들은 장기적인 관계유지를 하고 이혼율이 낮다고 보고 하였습니다. 불안-양가 애착유형은 성인의 약 20%가 해당하며 집착과 몰두가 심한 집단으로 관계의 지속성이 짧고 결혼생활도 불행하다고 하였습니다. 회피 애착유형은 성인의 약 25%가 해당하며 대인관계에서 긍정적 경험이 가장 얕은 집단이라고 보고하였습니다. 대인관계에서 가장 강렬한 상태인 사랑 관계에서도 유아 때의 애착 표상이 가장 생생하게 활성화된다는 것은 두말할 여지가 없습니다.

셰이버와(1992), 하잔(1993)은 애착유형과 사랑과의 관계를 제시하였습니다. 안정 애착유형은 사랑 관계 형성에 어려움이 없고 꾸준한 관계를 맺고 장기적인 관계로 발달한 동반자적 사랑을 한다고 합니다. 상대방 배우자의 선택에서도 비슷한 유형끼리 맺어질 가능성이 크기 때문에 안정되게 파트너와 관계를 이루는 집단입니다. 불안-양가 애착유형은 빠르고 강렬한 사랑을 하게 되지만 관계가 깊어질수록 퇴행이 일어나고, 활성화되는 분리불안과 위기불안에 압도되어 불신과 의심으로 고통스러운 상태가 되기 쉽습니다. 그리하여 관계를 끊고 도망가거나 매달리거나 공격적인 퇴행 행동을 하게 되어 상대방이 떠나게 됩니다. 이들은 사랑이 끝나고 괴로워하지만, 곧 새로운 대상으로 교체하는 전략을 발달시킵니다. 당신이 없는 사이 대체 대상을 찾아야 하는 사랑 중독자와 같습니다. 사랑의 강렬함이 건강하다기보다 병적인 열정에 가깝습니다.

마지막으로 회피 애착유형은 어머니와 가깝게 교류해 본 적 없거나 어머니에게서 배신 경험이나 신뢰 상실을 경험했을 가능성이 큽니다. 이들의 사랑은 게임과 같습니다. 일정한 거리를 유지하는 방식으로 상대방이 다가오면 물러나고 도망가면 따라가는 유형입니다. 이러한 유형들은 거리적 사랑을 하므로 둘 이상의 관계에 감정을 분산시킵니다. 안정감을 얻으려고 양다리 같은 방어 전략을 씁니다.

정신분석가 컨버그(1995)는 사랑의 공격성에 관하여 논하였습니다. 그에 따르면 사랑은 성적 욕구, 대상관계, 초자아 투사로 구성된 정서 상태라고 합니다. 사랑은 대상에게 동일시를 통해 자신의 경계를 초월하면서 동시에 자기경계에 머물러야 하므로 감동적이고 흥분된 동시에 고통스러운 정서 상태라는 것입니다. 사랑은 자아정체성, 자기애(narcissism)에서 대상애(object love)로 발전한 상위 수준의 전체 대상관계를 형성하는 능력이라서 이자관계에서 헌신과 투자를 할 수 있는 초자아 발달이 필수라고 하였습니다.

자아정체성의 언급은 자기−타인의 경계가 확실히 구분된 분화 수준이면서 독립적인 자기구조를 발달시켜야 한다는 의미입니다. 왜냐하면, 자아정체성이 형성되지 않은 사람은 관계에 대한 욕구가 강렬하나 엄밀히 말해 흡수, 병합된 경우이므로 자신을 자각하면서 자신을 초월할 수 없기 때문입니다. 내 안에서 일어나는 의심을 그 사람에게 투사해 버리는 질투망상의 광기를 가질 수 있기 때문입니다.

대상애는 전체 대상관계를 형성한 사람이 가능하다고 하였습니다. 간혹 부분적인 대상관계에서도 사랑의 모습이 보일 수 있으나 이것은 자기대상(self−object)으로 상대를 인식하기 때문에 필요할 때 이용하는 존재로 상대를 원하는 것이지 독립된 인격체로 사랑하는 것이 아니라는 이야기입니다. 마지막으로 사랑은 도덕적 능력을 가정한다는 것입니다. 수많은 장애를 이겨내고 장기적 관계를 이루는 데 필요한 것은 상대에 대한 헌신입니다. 이를 이룰 수 있는 것은 도덕적 영역을 관장하는 초자아의 기능에 달려 있습니다.

페어 베언은 배우자에 대한 의존도는 부모-자녀만큼 가깝고 강렬한 관계라고 하였습니다. 우리가 이성을 만날 때 무의식 수준에서 흥분 자아/거부된 자아가 동시에 움직이기 시작한다고 합니다. 어린 시절 부모와의 관계에서 긍정적으로 상호 작용한 복합체가 만들어집니다. 흥분 자아의 기초입니다. 거부된 자아는 부모와 부정적 상호작용을 통해 얻은 적대적 복합체입니다. 사람은 누구나 초기에 흥분 자아의 영향으로 매력을 느꼈던 어떤 모습이 관계를 이어가는 과정에서 거부된 자아로 인식되는 과정을 경험합니다.

우리는 양가적 감정이 있음을 수용해야 합니다. 사랑하는 사람들은 서로 공격적인 부분과 감정을 표현해야 하며 수차례 반복되는 반목을 디디고 극복하여야 합니다. 이것은 결국 긍정적 상호작용으로 나아가는 길이 될 수 있고 관계의 질을 깊게 합니다.

사랑 스트레스 장애의 해결책은 애도

　프로이트는 사랑이란 성욕이고 인간의 본능적 욕구로서 유아기에도 존재한다고 하며, 성적 에너지인 리비도가 구강기, 항문기, 남근기로 옮겨진다고 설명하였습니다. 또한, 각각의 단계에서 성적 쾌락과 결핍이 있을 때 어른이 되어서도 그 단계에 고착되어 성인기에도 나타나는데 이것이 성도착의 원인이라 분석합니다.

　현대는 너무 빨리 변화하여 정서적, 의식적, 문화적, 경제적으로 결핍을 경험하는 경우가 많습니다. 생각보다 상대적 박탈감은 우리의 존속을 심하게 위협하는 것 같습니다. 현대를 산다는 것은 '정신병리를 앓고 산다는 것이다'라고 말한 학자도 있었습니다. 이러한 말은 병의 강약 정도이지 누구라도 정신적인 병에서 벗어날 수 없다는 것을 의미합니다.

　사회학자들은 우리가 생존하는 데 필요한 기본적인 반사작용을 가지고 태어난다고 하였습니다. 구강기의 빨기 반사가 여기에 해당합니다. 생득적으로 획득한 빨기 반사로 시작하여 우리의 삶이 이어집니다. 어머니와의 접촉을 시작으로 말입니다. 삶을 유지하고 사회에 적응하기 위해 우리는 리비도를 발달시킵니다. 그리고 연령과 삶의 주기에 맞는 과업 완성을 위해 리비도를 씁니다. 프로이트는 리비도를 성적 에너지라고 하였습니다. 필자는 성적 에너지를 애정 욕구의 에너지로 바꾸어 말하고 싶습니다.

우리가 바쁘게 현실과 타협하고 적응하는 동시에 적절하게 자신의 애정 욕구를 충족하고 살기는 어려운 점이 많은 것은 사실입니다. 어릴 때는 힘이 없고 이타적인 존재에 의해 길러지기 때문에 더욱 상처를 받습니다. 또한, 어른이 되어서도 타인과 환경의 눈치를 보느라 진짜 자신이 원하는 것을 향한 애정 욕구를 발현하기에는 쉬운 일이 아닙니다. 삶의 순간순간 우리는 상처를 치유하지 못하거나 무의식에 가두어 진정한 자신의 문제를 못 보는 경우가 허다합니다. 삶과 사랑에 스트레스를 받고 상처를 입는 것입니다. 그러다 보면 시간을 타고 흘러 할머니, 할아버지가 되는 경우가 도래합니다. 필자도 예외는 아닙니다.

내 삶이 값지지 않은 사람이 어디 있겠습니까? 다 고귀하지요! 그런데 우리는 인생길의 반 이상을 넘어와서 지나온 흔적을 뒤돌아봅니다. 뒤돌아보는 그 순간이 중요한 것 같습니다. 삶의 여정 중 상처를 입었거나 가슴 아픈 경우를 외면하지 말고 그때 내 나이의 나를 만나서 위로하고 같이 울어주며 애도를 표현하는 행동과 말은 내 안에 있는 상처받은 어린아이를 양육하는 것입니다.

이러한 애도는 이제는 세상에 안 계신 부모님을 대신할 수 있고 나를 질책만 하던 어떤 사람을 대신할 수 있습니다. 한 발자국 나를 사랑하고 중히 여기는 진정한 자신이 될 수 있는 길인 것 같습니다.

자신을 애도한 후에 가족이나 친구와 관계되어 마음에 걸리는 사건과 인물이 생각날 수도 있습니다. 만약, 함께 애도하거나 혼자서라도 애도하는 기회를 갖는다면 관계가 좋아지고 행복하고 찬란한 순간들이 많으리라 생각됩니다.

나의 작품과
그림 세계

양육

우리는 때때로 어머니와 같이 내 안에 있는 어린아이를 양육하여야 합니다. 어린 시절 어느 때에 가슴 아픈 경험을 하였다면 그 시기의 나를 만나서 잃어버린 상실에 대해 애도하고 위로하는 기회를 가져야 하고요. 그와 같은 시간은 지금 세상에 계시지 않을 수 있는 부모를 대신할 수 있습니다.

이 그림은 클림트의 '여성의 세 시기' 중 일부를 재구성한 것입니다.

4월의 꿈

세 명의 여자가 쉬고 있는 꿈. 더불어 1, 2, 3이라는 숫자가 종이 카드에 적힌 채로 보이는데, 이러한 꿈 장면에서 정신과 육체가 모두 충만함을 느꼈으며, 특히 육체의 충만함이 더욱 컸습니다. 이 꿈을 통해 꿈을 행사하는 주체는 나이며, 꿈을 꾸는 자 또한 나라는 의미에서 내 무의식은 나르시시즘적인 안락하고 편안한 퇴행을 소망하는 동시에, 의식은 성공적이고 통합적인 합일을 원하는 것을 느낄 수 있습니다. 나의 꿈은 성공과 안락함을 추구하는 욕망을 나타내고 있으나, 결코 현실의 배제할 수 없는 갈등을 환상의 소망적 이미지로 나타냅니다.

아주대학교 이수진 교수는 이 꿈 그림을 보고 1, 2, 3 숫자가 프로이트가 말한 세 가지 심급(이드, 자아, 초자아 또는 의식, 무의식, 전의

식)을 나타낸다고 하였고, 꿈은 꿈을 꾸는 자의 심리적 타협 형상물로써 무의식적 소원을 성취하는 목적이 있다고 하였습니다.

[참고문헌]

* 〈정신분석에로의 초대〉, 이무석 저

* 〈사랑 후 스트레스 장애〉, 존 브레드 쇼 저

* 〈상처받은 내면아이 치유〉, 존 브레드 쇼 저,

* 네이버 지식in.

제5장

마음을
울리는
시낭송

박동주

- 2016 이상화 문학제 전국시낭송대회 대상
- 2016 심연수 선양 전국시낭송대회 대상
- 2019 (사) 허균, 난설헌 선양회 이사(대외협력 위원장)
- 김소월 문학회 초대 이사
- 평화통일 자문회의 18대 자문위원
- 백두산문학 상임이사

시낭송이란?

한마디로 말하면 시에 감정을 불어 넣어 유창하게 외우는 것을 말한다. 하지만 좀 더 표현하자면 시낭송은 언어 예술의 꽃이다. 시의 형식과 내면적인 심상의 표현이 말이라는 행위를 통해 생명을 얻어 타인에게 감동을 전한다. 이는 아름다운 운율을 창조하는 예술적 행위이다.

1) 한 편의 시를 외워서 낭랑한 소리로 읊는 울림의 예술이다

① 낭송은 음악적 요소를 간직한 언어 예술

시의 운율과 리듬을 잘 살려 듣는 사람에게 시의 깊이 있는 감동을 온몸으로 녹아들게 한다.

② 시낭송의 생명은 감정이입·감정이입을 살려주는 시는 시의 감흥과 느낌을 살리고 시의 분위기를 살릴 수 있는 생동감이 결정된다.

감정의 기복이 있는 시를 골라 자기만의 음보를 만들어서 해석하여 낭송하는 것이 자기 색깔의 시낭송을 보여줄 수 있다.

③ 낭송은 노래이고 낭송가는 성악가이다.

시가 심상의 표현이라면 시낭송은 음악이며 시인이 작사가, 작곡가라면 시낭송가는 가수이며 성악가다.

2) 시에 향기를 불어 넣고 운율과 흐름에 따라 감동을 전하는 공감의 예술이다.

① 시가 주는 감동은 언어에 의해서 창조된 예술품이다.

시는 머리로 아는 지식의 차원이 아니라 가슴으로 느끼는 것이다. 시가 머리로 쓰는 것이 아니듯 시낭송 또한 입으로 하는 것이 아니라 가슴으로 해야 한다. 가슴으로 낭송해야 듣는 이의 가슴을 울려 감동을 줄 수 있다.

② 낭송은 감동을 쏟아붓는 폭포수다.

시낭송에 감동이 없다면 이미 죽은 시가 되고 만다. 시낭송가는 시인의 시를 살려 수많은 사람에게 감동과 공감대를 형성하여 힐링할 수 있는 가이드가 되어야 한다.

③ 심금을 울려주는 시낭송

시 한 편을 완전히 이해하고 암송하여 내 가슴속에 일단 푹 담갔다가 내가 받은 감동을 목소리를 통해 풀어냄으로써 듣는 이에게 그 감동을 전해 주는 것이다. 시를 듣는 청중들에게 전해지는 감동의 깊이와 크기는 낭송가에 따라 사뭇 다를 수밖에 없다.

3) 시낭송은 문자와 음성이 조화를 이루어 합쳐진 종합 예술이다.

① 시낭송가는 가수

시낭송가는 시인의 시를 편곡해서 낭독하는 가수다. 시에서 시인의 감정과 의도를 파악하고 이해한 다음 시를 완벽하게 외워서 낭송 무대에 오른다면 그 시는 낭송가의 의도와 해석으로 재탄생된다.

② 시낭송은 그림

낭송하는 동안 가장 아름답고 감동적인 시낭송은 듣는 사람이 그 리듬을 따라서 함께 감정이 이동하고 시의 그림을 그리면서 따라올 수 있게 하는 것이다. 미적 감각과 예술적 혼이 접목된 아름다운 회화 작품이 탄생한다.

③ 시낭송은 연기이다.

시의 심상을 감성으로 절제시켜 표현한 시인의 언어를 음성언어로 전환하여 자기 목소리와 감성을 담아 낭송하는 것은 음성언어의 극치다.

④ 시낭송가는 배우

무대에 오른 순간 자기만의 시간을 자신에게 몰입하게 하는 임기응변과 탤런트 기질을 갖고 어떤 무대에서도 지신감 있는 표현과 청중을 압도하는 무대 장악력이 필요하다. 이는 오랜 연습과 끊임없는 훈련과정을 통해서 내면 깊숙이 다져지는 습득과 경험과정을 거쳐야 이루어진다.

감동을 주는 시낭송

    감동을 줄 수 있는 시낭송은 시를 깊이 이해하고 명료하게 발음하며 자연스럽게 낭송하고 감동을 주면서 자기만의 색깔을 전달해야 한다.

1) 시적 언어능력을 승화시켜 분석하고 이해하라

① 시에 대해 정확한 파악

정확한 파악을 위해선 시를 여러 번 읽어보아야 한다. 읽고 또 읽다 보면 그 시의 느낌이 가슴 속에서 살아난다. 시의 내용을 마음속에 그림으로 그려보면 의미가 더욱 선명하게 살아난다. 시의 내용을 파악하는 데 있어 시의 배경도 중요하다. 시인이 살아온 과정이나 시대적 배경, 인간적인 부분을 파악하고 그 외에도 계절적 배경이나 그 시가 쓰인 특별한 배경이 있는지 등을 파악한다.

② 반복 낭송은 시에 대한 깊은 사유를 안겨준다.

시를 낭송할 때는 그 시를 필사하여 분석하고 이해하며 소리 내어 반복해서 읽는다. 읽다 보면 가슴으로 새겨지면서 그 시에 대한 깊은 사유가 따르게 된다.

2) 정확한 발음으로 자연스럽게 표현하라.

① 명료하고 자연스럽게 발음

정확한 발음을 하기 위해서는 늘 혀끝을 긴장하고 있어야 한다. 혀뿌리가 아프도록 혀의 중심을 잘 잡고 혀끝을 이용하여 받침을 선명하게 물어야 한다. 늘 이렇게 발음하다 보면 나중에는 자연스럽게 된다.

시낭송할 때는 제목부터 자신감 있게 전달해야 하고 작가 이름도 정확하게 발음해 주어야 한다. 그리고 첫 연의 첫 행, 첫 음절에 대한 발음에 유의하여야 한다.

② 목소리로 정감을 표현

사람마다 목소리에는 다양한 색깔과 무늬를 가지고 있다. 아름다운 음색을 가지고 있다 하더라도 훈련되지 않은 발성은 아무리 고운 음색을 가지고 있어도 감동이 전달되지 않기 때문이다. 그러므로 시낭송을 하려면 우선 발성부터 바로 잡아야 한다. 명확한 발음을 하고 성량이 충분해지도록 호흡조절을 완벽하게 갖추어야 하며 표정이 풍부한 목소리여야 한다.

③ 고저, 장단, 강약과 호흡을 잘 구사

시어를 발음할 때는 분명하고 또렷하게 발음하고 듣는 이에게 정확한 울림을 줄 수 있도록 명료한 발음을 생활화하고 고저, 장단, 강약, 호흡에 따른 몰아치기와 끊어 읽기, 일시 정지 등 다양한 시낭송 기법을 잘 구사한다.

④ 장단음을 잘 구분해서 표현

우리말에는 장단음에 의해 그 의미가 달라지는 어휘가 약 5천 개나 된다. 장음을 짧게 발음하거나 반대로 단음을 길게 발음하면 그 의미가 달라질 수도 있고 전달된다고 하더라도 낭송의 격이 떨어질 수 있다.

⑤ 낭송 시 주의할 발음

아무리 목소리가 좋고 감정을 잘 담아도 발음이 정확하지 않으면 내용 전달이 잘 안 되고 감동을 줄 수가 없다.

3) 내가 받은 감동을 입에서 가슴으로 전달

① 시를 자기만의 색깔로 표현

시를 완벽하게 외우고 해석하고 나면 시를 나만의 색깔로 재생산하게 된다. 그러면 시를 더 많은 사람에게 전달하여 이해의 폭을 넓히고 공감대를 형성하는 설득력을 얻을 수가 있다.

② 자기 음색에 맞는 시를 선택

자기 음색에 맞는 시를 선택하고 음색에 맞는 기법을 터득하고 연습하여 남다른 형태의 시낭송으로 감동과 울림을 줄 수 있다면 더욱 의미가 있는 시낭송 무대가 될 것이다. 그리고 시낭송 전문가로서 자부심과 긍지도 느낄 수 있다.

시낭송을 잘하기 위해서

시낭송의 생명은 시를 완벽하게 암기하는 데서 출발한다. 자신이 좋아하는 시를 만났을 때 이 시를 가슴에 품고 다니면서 시간 날 때마다 외우고 반복해서 생각하고 그 의미를 되새겨 본다.

시낭송 훈련이 잘되어 있으면 때와 장소에 상관없이 모두 낭송을 자신 있게 할 수 있다. 시의 생명을 싹틔우는 일이 낭송가가 가장 먼저 생각하고 명심해야 할 가치이다.

1) 자신감을 가지고 시낭송하기

① 시를 완벽하게 암송

우선 짧은 시를 선택해서 점차 늘려나가는 것이 좋다. 그런 다음 낭송하고 싶은 시를 수십 번 써 보고, 수백 번 외워 오랫동안 빈틈없이 준비해 나의 노래로 되살리면 남이 흉내 낼 수 없는 색깔이 있는 낭송을 할 수 있다. 이렇게 연습을 되풀이하면 실수가 없고 여러 사람 앞에서 낭송하다 막히거나 잘못하는 일이 없게 된다.

② 시의 의미를 파악하면 그 시의 분위기가 자연스럽게 파악된다.

낭송하고 싶은 시를 여러 번 읽고 뜻을 새기다 보면, 그 뜻을 목소리에 실을 수 있는 악보가 절로 가슴 속에 떠오른다.

이 악보에 따라 즐겁고 행복하고 밝게 낭송해야 할 시인지, 슬프고 처연하게 낭송하게 할 시인지 파악이 되면 그 분위기로 방향을 잡는다.

③ 시낭송은 목소리의 자신감이다.

시를 낭송하게 되면 분명한 발음, 정확한 장단음을 구사하는 요령을 배울 수 있다. 또한, 대화할 때도 말의 핵심을 잘 정리하여 중요한 요소에 적절한 감정을 실어 자신의 의사를 전달할 수 있다.

④ 무대에 나설 때는 자신감을 갖는다.

자신감은 자신을 믿는 것이다.

자신감을 가지고 하면 능력 이상의 힘을 발휘할 수가 있다.

무대에서 떨리지 않으려면 청중을 자기 가족이라고 생각하면서 자기 최면을 걸어 본다. 또한, 가족이나 친구, 주변 사람들이 나에게 잘할 수 있다는 칭찬과 인정을 해준다고 생각해 본다. 그러면 훨씬 더 자신감을 갖게 되어 능력 이상의 힘을 낼 수가 있다. 그리고 이 무대가 축제의 장이라고 생각하며 결과에 집착하지 않는다면 시의 향기가 듬뿍 살아날 것이다.

낭송할 때는 시선을 자기에게 가장 편한 곳에 둔다.

모든 사람을 보지 말고 각도를 좁혀서 몇 사람만 보는 것이 효과적이다. 시선을 옮길 때도 청중을 다 둘러보는 것보다 부분적으로 두는 것이 더 편하다. 많은 관중 앞에 서면 처음엔 주눅이 들게 마련이지만 어느 정도 익숙해지면 아무리 많은 사람 앞에서도 편안해지고 자신감이 생긴다.

2) 감동을 줄 수 있는 시 선택이 중요

① 애송시 목록 만들기

평소에 좋은 시 작품을 많이 읽고 그 의미가 가볍지 않으면서 또 너무 무겁지 않은 시를 선택해서 나의 애송시 목록을 만들어 둔다.

② 자기가 소화할 수 있는 시의 선택

모든 시어는 그 나름의 느낌과 색깔을 가지고 있으므로 낭송을 할 때는 잘하려고 하지 말고 자기가 소화할 수 있는 시를 골라서 제대로 읽어주면 낭송이 그대로 살아난다.

③ 자기의 색깔에 맞는 시의 선택

많은 시인이 있지만, 우리가 학교에서 배워왔던 시들은 낭송가의 입장에서도 표현하기가 어려운 시들도 있다. 너무 유명한 시는 오히려 청중에게 감동을 주기가 어렵다. 왜냐하면, 청중들은 이미 선입견을 품고 있으므로 낭송가의 낭송을 감상하기보다 집중력이 떨어진 상태로 듣게 된다.

또한, 쉬운 느낌의 시는 너무 평범한 만큼 감동에 대한 전달력 부분에서 어려움이 있다. 그러나 난해한 시든 명시든 낭송자의 연습과 연구에 따라서 시를 살리고 감동을 살린다는 측면에서 낭송자라면 어떤 시든 소화해낼 수 있어야 한다.

3) 시를 음악적으로 표현하기

① 리듬과 운율 살리기

음악에도 고저, 장단, 강약, 완급, 쉼이 있듯이 시낭송도 똑같다. 시도 리듬을 살려야 한다. 노래도 연습을 많이 한 사람이 리듬과 감정을 잘 표현하듯이 시낭송도 그와 같이해야 한다. 리듬과 운율을 잘 살려야 완성도 있는 한 편의 시낭송을 할 수가 있다.

② 낭송을 처음 시작할 때는 톤의 설정이 중요

톤을 높이거나 낮게 잡지 말고 편안하고 자연스럽게 하되 음성이 매체가 되므로 정확한 발음, 발성, 호흡에 유의한다.

4) 연음, 여음, 토음을 잘 활용

연음이란 이어지는 음을 말한다. 연음이란 여운이 남는 음을 말하며 토음이란 시 속에 있는 사투리를 구성지게 활용하는 것이다. 원고를 미리 살펴보고 암송한 시의 경우 연음규칙 등 특별히 그 부분의 발음에 주의해야 한다.

5) 지나친 기교로 시낭송하지 않기

① 낭송의 최대 관건은 자연스러움

최대한 꾸미지 않은 자기 본연의 목소리로 자연스럽게 낭송하는 것이 가장 중요하다. 처음부터 감정을 고조시켜 낭송할 시는 그리 많지 않다.

처음에는 서서히 분위기를 타는 것이 가장 편안한 낭송이 된다. 격식에 얽매이면 청중들은 낭송가가 시를 공감하고 감동한 것을 표현하고 있는지를 알고 있으므로 자칫 시에 대한 거부감과 이질감을 느끼게 만들 수가 있다.

또한, 분위기에 따라 다양한 표정을 지을 필요가 없다. 그냥 즐거운 마음으로 시를 대하고 있는 것을 알려만 주어도 된다.

② 절제된 시낭송

시낭송은 기교가 아니라 감정 전달을 자연스럽게 하는 것이다. 그러므로 무조건 외워서 하는 것이 아니라 자기 것이 되도록 만들어야 한다. 같은 시를 오랫동안 반복해서 하다 보면 자기 맛을 살릴 수 있다. 그렇다고 너무 기교에만 신경 쓰면 안 되고 절제된 낭송을 할 수 있도록 훈련을 해야 한다. 지나친 기교, 감정 과다, 불필요한 장음, 숨소리, 꾸민 목소리, 동화 구연식 의 시낭송은 반드시 삼가야 할 상황들이다.

낭송 시의 선택

시낭송가는 명시나 묻혀 있는 시 속에서 폭넓은 감동을 끌어내는 작품을 발굴해 내서 세상에 다시 내놓은 행위다. 그러므로 활자에 묶여 있는 시를 소리의 영역에 옮겨놓아 시의 수요층을 넓히고 시의 효력을 높이는 역할을 하므로 좀 더 시를 확대 재생산하여 보자.

1) 감동 있는 완성도 높은 시

작품의 완성도가 높고 감정표현이 풍부하며 누구나 공감할 수 있는 시라면 주저 없이 선택한다. 완성도란 시 자체의 완성도를 말하는 것이 아니고 자신이 충분히 연습하여 소화해낸 완성도를 말한다. 다른 사람을 흉내 내는 것보다 자기 목소리와 성량에 맞는 시를 선택하게 되면 완성도가 높아질 수 있다.

우선 몇 편의 시를 선택한 후 자신에게 맞는지 몇십 번이고 읽어본다. 사람에 따라 차이는 있지만 한 편의 시에 대한 완성도를 높이기 위해서는 6개월 이상 걸린다.

2) 호소력이 있는 시

낭송자가 목소리에 감정을 섞어 표현하는 데에 따라 시의 의미가 달라질 수 있다. 낭송은 호소력과 설득력이 있으므로 빠른 전달과 이해의 폭을 넓혀 준다.

메시지란 곧 내용을 말한다. 깊이가 있고 감성을 자아낼 수 있는 시가 청중들에게 잘 전달된다.

3) 리듬이 있는 시

시의 숨겨 있는 의미를 리듬으로 변화시키면 곡조를 살릴 수 있고 감정의 기복이 있으면 강물의 물결과 같이 리듬을 탈 수 있다. 시의 3요소는 운율, 심상, 주제다. 그중 운율은 가락이라고도 말할 수 있다. 음의 장단과 어우러져 즐거움을 더해 주는 연주 방법이다. 높고 낮은 음높이의 변화를 통해서 감정을 일으키는 청각적 요소다. 따라서 고저, 장단, 강약, 억양 등 여러 가지 속성이 일정한 규칙을 가지고 배열되어 있기 때문에 언어의 특질을 잘 이해하여 감정과 정서를 잘 표현할 수 있어야 한다. 특히 시낭송에서 운율과 심상은 청중들의 감각, 감정, 상상력, 경험적 사고에 작용하여 깊은 감동과 감명을 불러일으키므로 힐링과 정화작용을 일으키게 한다.

시낭송은 시의 운율과 리듬을 잘 살리는 일이다. 시를 묵독하면서 분석하고 소리 내어 읽으면서 숨을 음률을 찾아내어 자기 나름의 음률과 리듬을 부여해야 한다. 또한, 시낭송 원고에 반드시 시낭송 음보를 만들어 둔다.

4) 클라이맥스가 있는 시

드라마틱하거나 스토리가 그림으로 이어지는 시가 적합하다. 이런 시들은 극적인 요소를 가지고 있으면서 주체의식도 분명하므로 마치 드라마나 영화를 보여주는 것처럼 시낭송을 이야기로 한 장면씩 연결해 주면 청중은 그 느낌을 따라서 감정이 움직이기 마련이다.

시마다 시인이 숨겨놓은 절정의 구절이 있다. 시인은 그 한 구절을 살리기 위해서 앞뒤로 많은 이야기를 하고 있다. 따라서 낭송가는 시인이 강조하고 싶은 그 클라이맥스를 찾아내어 그 구절을 살리기 위한 앞뒤의 시어와 행과 연을 어떻게 낭송하고 감동을 전달해야 할지 결정해야 한다.

5) 적당한 길이의 시

너무 길거나 너무 짧으면 듣는 이가 지루해하거나 감정을 느낄 틈도 없이 끝날 수가 있다. 노래도 마찬가지만 3분 내외가 지루하지 않고 좋다. 그 정도가 청중들에게 집중도를 높일 수가 있다. 너무 길어서 청중들이 지루하면 핸드폰을 보거나 옆 사람과 잡담을 하므로 3분 내외가 가장 좋다.

그러나 무대에서 배경 음악을 통해 퍼포먼스를 한다든가 여러 사람이 합송, 교송 등 다양한 연출을 할 경우는 다르다.

발성, 발음 연습과
복식호흡 시낭송

1) 발성, 발음 연습

제대로 발음을 하려면 먼저 음성학의 기초를 배운 후 자기의 음색에 맞는 발음 발성훈련을 해야 한다.

단어 하나하나에 소리음을 어떻게 발음하고 전달해야 하는지, 낭송할 때 묵음으로 처리되는 것은 없는지, 감정을 넣어서 전달할 때 감동의 깊이가 느껴지는지에 대한 체계적 학습과 문학적 소양을 쌓는 이론교육이 필요하다.

아래 제시된 방법은 실제 아나운서들이나 성우들이 발음 연습을 할 때 읽는 문장으로 시낭송에도 많은 도움이 된다.

어려운 말 연습을 많이 하면 막히는 발음, 더듬는 발음, 어려운 발음이 정확히 말할 수 있도록 하는 훈련법이다. 아무것도 아닌 것처럼 생각되지만, 실제 큰 소리로 읽어보면 쉽지 않음을 알 수 있다. 발음할 때는 한 글자씩 끊어서 읽어보고 속도를 느리게 천천히 읽어도 보고 마지막으로 정상속도로 읽어본다.

기본적인 요령은 반복하는 횟수에 비례하여 읽는 속도를 차차 빨리

하도록 하는 것이다. 장단음을 잘 살리면 말에 리듬이 생겨 일기가 한결 유연해진다. 작은 소리보다는 큰 목소리로 연습해야 효과가 있다. 시낭송하기 전에도 이런 발음 연습을 하면 혀가 정확한 발음을 하기 위해 애를 쓰게 되어 발음이 흐트러지지 않는다.

2) 복식호흡으로 시낭송하기

낭송할 때는 호흡을 잘 조절하여야 한다. 시낭송할 때 가장 중요한 호흡은 복식호흡이다. 복식호흡은 공기가 뱃속까지 가는 호흡으로 들이마시고 내쉬는 힘으로 배가 나왔다 들어갔다 하는 호흡을 말한다. 숨을 들이마셨을 때 배꼽 위와 아래가 동시에 부풀어 오르고 배꼽 위와 척추에도 힘이 간다.

평소 음질이 잘 다듬어지고 음의 폭이 넓어지며 음의 강약이 조절되는 복식호흡을 몸으로 익히면 시낭송하는 데 도움이 될 것이다.

① 아랫배에 풍선을 불어라

정신을 가다듬고 배꼽에서 숨이 들어오고 나간다고 생각하고 자연스럽게 충분히 마시고 토한다. 호흡기관이 아랫배에 있다고 생각하고 배꼽 아래 하복부로만 호흡한다.

먼저 풍선처럼 아랫배를 부풀려 숨이 들어오게 하고 수축해 숨이 저절로 내쉬어지도록 한다.

② 횡격막의 움직임을 느껴라

들이마시고 내쉬는 힘으로 배가 들어갔다 나왔다 하는데 공기가 뱃속까지 가려면 횡격막을 움직이고 허리 부분을 부풀려 팽창시키면 숨을 천천히 쉬게 되고 목의 피로도를 낮춰주게 된다.

③ 아랫배에 기를 모아라

숨이 아랫배 깊숙이 내려오면 단전에 마음을 집중하고 숨을 깊이 들이마셔서 응축되는 힘을 가두었다가 천천히 토하면 된다.

글을 마무리하며

사업을 하고 있지만 시 낭송가로 몇 년 동안 활발히 활동하다 보니
2016년도에는 이상화 문학제 전국시낭송대회에서 대상을 받고, 심연수
선양 전국시낭송대회에서 대상을 받는 기쁨을 맛보기도 했다.

현대인들의 바쁜 일상 속에서 감정이 메말라 간다. 하지만 시를 접하
게 되면 많은 변화를 느낄 수 있다. 숨겨져 있던 감성이 새록새록 솟아
난다. 멋진 시를 여러 사람 앞에서 낭송한다는 것만으로도 상당히 매
력적이다. 본인에게도 감성을 풍부하게 두뇌를 활성화 시켜서 더욱 지
적으로 건강하게 생활해 나갈 수 있다.

지금부터라도 좋아하는 시 몇 개를 외워보자. 처음에 외울 때는 시
간이 오래 걸리지만 두 번째 시를 외울 때는 시간이 단축된다. 외우는
데도 속도가 붙어서 더욱 잘 외워지고 이미지를 떠올리며 외우면 훨씬
더 쉽다. 하루의 시작을 가슴을 울리는 시로 시작해보자. 하루를 멋지
고 활기차게 시작할 수 있다. 작은 모임에서 낭송하는 것을 생활화한다
면 내 삶이 더욱 풍요로워질 것이다.

하루하루가 바쁘지만, 시와 함께 힐링하는 여유로운 삶이 되길 희망
해본다.

[참고문헌]

* 〈나를 찾는 여행! 액티브 시니어 2〉

제6장

일상의 평온함이
삶의 기적이다

- 홍천 힐링스토리 -

윤영석

- 연세대 미래교육원 출강
- 이화여대 글로벌미래교육원 출강
- 동국대 평생교육원 출강
- 액티브시니어지도사
- 시니어 플래너지도사
- 시낭독낭송지도사
- 플로리스트/꽃차 소믈리에

소중한 일상의 그리움

소중한 사람은 곁에 있을 때보다 잠시 떨어져 있을 때 더 그립고 소중함을 간절히 느끼게 된다. 평화로운 일상생활을 그동안 너무나 당연하다고 얼마 전까지 생각했었다. 하지만 평화로운 일상이 기적이었다는 것을 지금 간절히 느끼고 있다. 2020년 새해를 부푼 마음으로 맞이하고 설 연휴를 보낸 후 얼마 지나지 않아 코로나 19 바이러스가 전 세계에 빠른 속도로 강타하고 있다.

아무도 예상하지 못한 21세기의 큰 재앙을 겪고 있는 것이다. 영화감독들은 미래를 미리 보는 것인가? 영화 같은 이야기를 현실로 일어나는 중이다. 〈감기〉라는 영화가 재조명된 것도 현재 상황과 너무 비슷한 스토리 때문이다. 바이러스는 우리의 일상을 정지시켜버렸다. 요즘 '흩어지면 살고 뭉치면 죽는다'라는 명언을 패러디한 문구가 떠돌고 있을 지경이다.

2월 코로나 19가 잠잠해지면 다시 서울로 가리라는 마음으로 두 번째 집인 홍천에 가벼운 마음으로 내려갔다. 하지만 2월, 3월, 4월 코로나는 계속 이어지고 있다.

요즘 여러 가지를 생각하게 된다. 특히 건강과 인간관계가 얼마나 중요한 것인가를 다시 한 번 느끼게 되는 계기가 되었다. 얼마 전의 상황들이 그립고 평화로운 일상으로 돌아가고 싶다.

한자 사람 인(人)자를 보면 둘이 기대어 있는 모습을 하고 있다. 인간은 혼자서는 살아갈 수 없기에 정말 사람을 잘 표현한 글자이다. 하지만 요즘은 사람과 사람이 부대낄 수 없다. 그러다 보니 사회, 경제가 모두 어수선하다. 사람을 만나야 인간관계가 유지되고 일을 할 수 있는데 말이다.

우리의 마음이 아직 꽁꽁 얼어있지만, 어느새 봄이 우리 곁으로 왔다. 모두 새로운 뉴스에 집중할 때 개나리, 벚꽃, 목련 등이 흐드러지며 아름답게 피어있다. 언 땅 녹는 소리, 새소리, 꽃들의 향기가 내 가슴으로 들려오고 느껴진다.

1년 전만 해도 여유로운 마음으로 벚꽃놀이 가고 산으로 들로 한창 다녔던 기억이 난다. 하지만 요즘은 다들 마음의 여유가 없어 보인다.

그 대신 홍천에서 가족들과의 생활에 익숙해졌다. 손녀딸도 홍천에서 계속 같이 지내고 있다.

손녀딸의 재롱에 행복해지고 시간도 금방 지나가는 듯하다.

잠시 멈추면 비로써 보이는 것들 가족의 소중함, 나 자신의 이야기, 소중한 지인들, 이전 사회활동에서의 역동성과 즐거움 등등.

감사와 성숙의 시간

예전에 어느 분이 이런 이야기를 한 적이 있다. 본인이 무릎을 다치기 전에는 걸어 다니는 것을 너무나 당연한 것이라고만 생각했었다고 한다. 하지만 무릎을 다치고 나서 걸어 다니는 것이 힘들어지자 느낀 것은 '자유롭게 걸어 다닐 수 있다는 것이 기적이었구나'라는 이야기, 요즘 공감하는 부분이다.

우리가 매일 물을 마시고 숨을 쉬는 것이 너무 당연하다고 생각하지만, 요즘 이것도 '감사한 일이구나'하는 생각이 들며 작은 일에도 자주 감사하게 된다.

세 잎 클로버들 사이에 희귀하게 피어나는 네 잎 클로버의 꽃말이 행운이고, 흔한 세 잎 클로버의 꽃말은 행복이다. 우리가 행운에 눈이 멀어 옆에 있는 행복을 느끼지 못했던 부분, 행복하게 해주는 것은 내 마음과 내 주변에 얼마든지 많이 있다. 그동안 제대로 알지 않았을 뿐이다.

사람이 쓰는 말 중에서 '감사'라는 말처럼 아름답고 귀한 말은 없다.

감사가 있는 곳에는 인정과 웃음과 넉넉함이 있다.

나를 기억해 주는 사람이 있다는 것은 참으로 고마운 일이고 나를 걱정해 주는 이가 있다는 건 참으로 행복한 일이다.

'건강은 괜찮은 거지?','별일 없지?' 묻는 누군가에게 고맙고 행복을 주는 사람이 되고 싶다.

코로나 19로 한국이 다른 나라의 부러움의 대상이 되고 있다는 뉴스는 우리나라 국민으로서 자부심을 느끼게 된다.

앞선 진단기술과 의료서비스, 선진화된 시민의식, 사재기 없는 국민의 모습 등에서 '이만큼 성숙했구나'라고 느끼는 부분이기도 하다.

홍천에서 매스컴으로 세상과 접하고 있다. 이곳은 자연경관이 좋고 머물러 있는 것만으로 힐링이 된다. 자연의 바람 소리, 새소리가 들리는 곳, 아름다운 꽃들이 있는 이곳에서 나 자신을 돌아보고 성찰하고 있다.

하지만 홍천에서 남편과 토닥토닥 친하게 지내다가 토라지기도 하고 어느 때는 등지고 싶을 때도 있고 때로는 존경하는 척, 사랑하는 척 그렇게 살아가기도 한다.

가끔은 토라지면 밥도 해주기 싫고 그냥 시위하기도 하지만 늘 마음에 걸려서 먼저 손을 내민다. 우리의 삶이 늘 좋지만도 늘 나쁘지만도 않다는 것을 생활하다 보면 느껴진다.

남편 나무

헬레네 피셔(Helene Fisher)

남편이라는 나무가 내 옆에 생겼습니다.

바람도 막아주고, 그늘도 만들어주니

언제나 함께하고 싶고 사랑스러웠습니다.

그런데 언젠가부터 그 나무가 싫어지기 시작했습니다.

그 나무 때문에 시야가 가리고

항상 내가 돌봐줘야 해서

내가 하고 싶은 것을 하지 못할 때도 잦았습니다.

– 중간 생략 –

그러던 중 심한 태풍과 함께 찾아온 거센 비바람에

나무는 그만 쓰러지고 말았습니다.

그 다음 날 뜨거운 태양 아래서 나무가 없어도

충분히 살 수 있다고 여겼던 내 생각이

틀렸다는 것을 알기까지는

그리 오랜 시간이 걸리지 않았습니다.

그때야 깨달았습니다.

내가 사랑을 주지 않으니 쓰러져 버린

남편 나무가 얼마나 소중한지를

내가 나무를 대수롭지 않게 생각하는 사이에

나무는 나에게 너무나 소중한 그늘이 되었다는 것을!

헬레네 피셔(Helene Fisher)의 노래 가사가 강하게 공감되었다.

나무가 없어졌을 때 느껴지는 불편함을 평상시에는 느끼지 못하는

경우가 많다.

추억의 시간 여행

요즘은 여유 있는 시간에 그동안 미뤄놨던 책을 보거나 이화여대 글로벌미래교육원에서 강의할 내용도 준비해본다. 강의하면서 나를 채우게 되고 적절한 긴장감은 내 삶의 활력을 준다. 그리고 새로운 사람들과의 소통도 즐겁다.

문득 유튜브를 보다가 아들 류수영이 나오는 영상을 보고 웃으며 소통하는 시간을 가져본다. 다시 한 번 영상을 보니 싱그러운 웃음이 나온다. 다들 힘든 시기에 웃음이 보약이다 싶어 영상을 공유해본다.

넉 달 정도 홍천에서 자연인이 되어 보는 것도 할만하다. 자연은 늘 아름답고 싱그럽다. 꽃들은 긍정의 에너지를 세상에 주고 바라보고만 있어도 마음까지 사랑스러워진다. 매년 새롭게 피어나는 꽃들을 보며 희망과 용기를 배우는 아침, 예쁜 꽃으로 집안을 장식해보니 마음마저 설렌다.

꽃차를 만들어 지인들에게 대접하던 평화로운 일상으로 돌아가고 싶다. 일상을 접고 피난처의 은둔 생활, 이곳 홍천의 시간은 썰물이다. 흐르는 강물 같은 시간이 유유히 흘러가고 있다.

사람이 그리워진다. 그냥 모두를 사랑하는 마음으로 살아가야지….
사람 사이 트러블이 있을 때도 있지만 혼자서는 살아갈 수 없는 것이 세상이다.
삶이란 사랑 찾아 떠나는 여행과도 같다. 동창도 그리워지고, 친구들도 그리워지고, 외국에 살고 있는 친척들도 그리워진다.

늘 남자친구 같은 남편이 있어 아름다운 하모니를 이루려고 노력하고 배려한다. 둘이 차를 마시며 대화하기도 하고 텃밭을 만들어 가꾸며 시간을 보내기도 한다.

사진첩을 보다가 몇 년 전 아들 결혼사진에 미소가 번진다.

이제는 성인이 되어서 활동을 잘하는 아들에게 늘 고맙다는 생각이 든다. 앞으로도 늘 행복하길 기도한다.

오늘은 김밥 싸서 손녀랑 봄 소풍을 간다. 냉이도 뜯고 커피도 마시면서 휴식시간을 가져본다. 수선화, 수국, 싸리 꽃과 진달래가 가득 피어나니 숲 속이 너무 화사하다.

이럴 때 시상이 떠오른다. 그때그때 적어 놨다가 예쁜 시집도 내어볼까 생각한다. 자연과 더불어 요즘 생활하며 마음에 위안이 되는 글을 적어본다.

걱정하지 마, 잘 될 거야

힘들면 잠시 나무 근처의
벤치에 앉아 숨을 고르자

고민해도 달라질 게 없다면
딱 오늘까지만 고민하고
내일은 내일의 삶을 살자

꿈을 꾸어도 달라질 게 없어도
그대도 내일부터 다시 꿈을 꾸자

– 중간 생략 –

힘을 내자
우리 모두 후회 없이 부딪치자
두렵지만 이겨내자

인생은 다행히
내일도 계속된다.

– 김현태 '한 번쯤은 위로받고 싶은 나' 중에서 –

우리에게 힘을 주는 좋은 글이다. 글에는 사람의 마음을 바꿔주는
강한 힘이 있다고 느껴진다.

아틀리에 홍천 스토리

요즘 여유로운 시간이 많아진다. 그래서 그동안 활동했던 플로리스트, 바리스타, 꽃차 소믈리에인 나의 실력을 발휘하니 홍천 두 번째 집은 웬만한 카페 부럽지 않다.

30년 이상 경력의 플로리스트답게 홍천 하우스를 아름답게 꾸미기도 하고 햇볕 따뜻한 오후에 카페 바리스타가 되어 가족들에게 맛있는 커피를 내려주거나 색과 향이 고운 꽃차를 내오면 세상 부러울 것 없는 최고의 시간이 된다. 뭐든지 배우고 연마하면 다 활용할 때가 있는 것 같다.

홍천 두 번째 집은 남편이 오래전부터 원해서 손수 짓게 되었다. 허름한 집과 밭이었던 이곳을 하나하나 치우고 새로 짓고 정원을 아름답게 손질하고 땀과 정성으로 일궈낸 홍천에서 우리 부부는 서로 바라보며 웃는다.

남편은 깔끔하게 잔디가 정돈된 정원을 좋아하고 나는 예술적 감각으로 꽃이며 항아리며 아기자기하게 꾸미길 좋아해서 은근히 의견 충돌이 생기는 일도 있다.

남편이 잔디 깎는 기계로 정원을 정리하고 나면 내가 소중히 아끼던 자그마한 꽃들이 다쳐있어서 속상하기도 한데 취향의 차이라 어쩔 수가 없나 보다. 그래도 우리 부부는 서로 바라보는 방향이 같아서 좋다.

젊어서는 고집스러운 교수님이라서 모시고 사느라 애달팠었는데 나이 드니 그것까지도 그냥 좋다. 시간이 아까워 도시락까지 지참해서 다니던 시절…. 그러던 세월을 추억하며 요즘 사는 것이 제일 아름답다.

젊은 시절 조금은 참고 있었을 뿐인데 오늘은 이렇게 예쁜 단짝으로 지내고 있다. 나의 남자친구인 남편, 난 그의 여자친구, 이렇게 표현하니 훨씬 젊어지는 느낌이 든다.

밤이 되면 맑은 하늘에 달과 별이 창문 너머로 선명하게 보이고 내부는 찻방처럼 꾸며놔서 책을 읽기에도 좋고 차를 나누며 힐링하기 좋은 곳이다. 그전에 지인분들 초대해서 시간을 보냈었는데 요즘은 잠깐 보류하는 기간이다.

계절마다 꽃들이 다르게 피니 사계절이 화사하다.

봄이 되면 진달래, 수선화, 여름이 되면 내가 아끼는 칸나, 해바라기, 가을이면 국화 등 친정어머니가 꽃을 좋아하셨듯이 나 또한 꽃들과 긴

세월같이 했고 꽃들과 있을 때 행복하다.

세상에는 정말 수많은 직업과 일이 있지만 오랜 세월 플로리스트로 수많은 꽃에 파묻혀 살았으니 늘 눈과 마음이 즐거운 일을 했던 것 같다.

결혼예식장의 꽃들을 장식할 때는 신혼부부를 축복하는 마음으로 꽃을 만지니 좋은 기운과 에너지가 넘쳐난다. 세상에서 가장 행복한 일을 한 것 같은 생각이 든다. 많은 제자를 가르쳐 보기도 하고 멋진 무대도 장식해보고 사랑하는 가족들을 위해 꾸미기도 하고 내 손이 행복을 만드는 마술을 부리는 것 같다는 생각이 들 때도 있다.

　새로운 활동은 가을을 기약해 본다. 의미와 가치 있는 일로 시간을 보내고 싶다. 나와 상대가 함께 행복해 질 수 있는 일은 나를 성숙하게 하고 뿌듯하게 한다.

　그동안 해왔던 재능 나눔도 참으로 좋다. 나의 재능을 발휘함으로 주변 사람들의 얼굴에 미소가 생기니 말이다. 앞으로는 일상을 더욱 소중하게 생각해서 따사로운 햇살, 친구들 하나하나, 내 눈과 마음으로 새기며 살아가야겠다.

　행복은 조건이 아니라 가슴으로 느끼는 것이라고 했다. 마음이 풍요로운 삶이 진정 의미 있는 삶이 될 것이다. 나에 대해 많은 것을 사색하게 하고 힐링이 되어주는 홍천 두 번째 집을 통해 가족의 사랑도 두터워지고 내 몸과 마음도 강인해지는 것 같다.

자연과 더불어 사람과 더불어 살아간다는 것, 따사로운 햇살과 빛깔 좋은 꽃차를 마시며 깊게 심호흡해본다.

살아 있음에 활동할 수 있음에 감사하며 살아가자.

'늘 웃음이 넘치는 삶이기를 기도합니다.'

'늘 행복이 가득한 인생이기를 희망합니다.'

'더불어 성장하는 우리가 되기를 원합니다.'

온 세상이 웃음 짓는 그런 일상이 지속되기를 바랍니다.

일상이 우리의 기적입니다.

[참고문헌]

＊〈한 번쯤은 위로받고 싶은 나〉, 김현태

제7장

인생을 행복하게 사는 나만의 시크릿

이영실

- 시낭독낭송지도사
- 스피치지도사

늘 배우며 감사하는 사람이 행복하다

'세상에서 가장 지혜로운 사람은 배우는 사람이고, 가장 행복한 사람은 항상 감사하면서 사는 사람이다.' 이 글을 보면서 '나도 평생 지혜롭게 배우면서 늘 감사하는 마음으로 행복하게 살아가야겠다'라고 스스로 다짐했다.

친구들이나 주변 사람들이 나를 '행복 바이러스'라고 불러줄 때 매우 행복하다. 늘 웃는 모습으로 긍정의 에너지가 넘치는 모습이 좋다고 한다. 꾸준히 그 모습을 유지하려고 노력하며 생활하고 있다.

우연히 본 글귀가 인상적이어서 기억에 남는다.

'미소는 미소를 받는 사람을 행복하게 한다. 미소는 돈을 들이지 않고 상대를 행복하게 하는 묘약이다. 신은 미소 짓는 사람을 절대 가난하게 만들지 않는다.'

밝은 미소를 짓고 있는 사람을 보면 왠지 기분이 좋아진다. 돈 들이지 않고 나를 바라보는 사람을 기분 좋게 해준다는 것, 얼마나 멋진 일인가?

우리 부부는 1981년 4월 1일 막내아들이 3살 때 남편이 다니던 회사를 그만두고 동대문에 있는 신 평화 시장에서 장사를 시작했다. 자영업에 뛰어든 것이다. 처음에는 자금도 없고 경험도 없어서 많이 부족하여 어찌할지 몰라서 당황했지만, 점점 익숙해졌다. 장사가 익으면서 좀 더 이익을 내는 상술을 부릴 수도 있었지만 우리는 오직 신용과 친절만이 우리의 재산이라 생각하고 손님들을 가족을 섬기는 마음으로 대하였다. 장사꾼답지 않게 손해 득실보다 신용을 철저하게 지키며 최선을 다해서 친절하게 본래의 순수한 모습을 잃지 않고 살아왔다.

그 덕에 오랫동안 가게를 했어도 손님들하고 다툼 한 번 없었고 우리 집에 와서 물건을 사고 가면 기분이 좋아진다는 인사말들을 하고 가면 나의 일에 더욱 보람을 느꼈다.

신 평화 시장 6평짜리 작은 점포에서 37년 동안 꾸준히 장사했다는 것은 나 스스로에게도 대견스러운 부분이다. 같이 일했던 우리 직원들, 제부들, 열심히 일해 준 좋은 분들을 만나 참 마음 편하게 장사했다. 칠보 상회에서 일하셨던 모든 분께 진심으로 감사의 마음을 전한다. 내가 인복이 많아서 좋은 분들과 일한 것 같다.

점포와 사람에게 많은 노력을 기울이고, 성실하게 일하여 BYC에서 전국 매출 1위를 20년 넘게 꾸준히 유지했다. 그래서인지 신문과 라디오, TV 등 겨울이 되면 인터뷰를 종종 하곤 했다.

낮에만 장사할 때는 직원이 두 분만 필요했는데, 시장에서 밤 장사를 시작한 후부터는 직원이 더 많이 필요하게 되었다. 그러나 밤 장사를 새로 해도 매출은 많이 늘어나지 않고 점점 감소하게 되었다. 10년을 넘게 버텨오다가 결국 2018년 5월 30일로 장사를 접었다. 그만두고 나니 무척이나 시원섭섭했다.

원래 내 계획은 장사를 그만둘 때 거래처 손님들을 다 모시고 호텔에서 음식 대접을 하려고 했지만, 남편이 '그깟 밥 한 끼 먹자고 누가 오겠냐?'라고 하는 바람에 용기를 못 내어 행사를 못 한 게 두고두고 아쉽다. 감사의 인사를 못 한 게 참으로 아쉽다.

어떤 친구는 밖에서 명랑한 나를 보다가 우리 가게에 와서 보고는 마음이 아파서 잠을 못 이루었다고 한다. 그 작은 가게에 평생을 묶여 살았다고 생각하니 가슴이 너무 아프다더라. 그런데 어찌 그리 명랑할 수 있냐고 에너지가 넘치냐고….

하지만, 나는 그 가게에서 정말 최선을 다해 열심히 일했고 또한 좋은 사람들을 만나서 이야기하며 물건을 팔던 시절이 참으로 행복한 시간이었다. 지금도 회상해보면 열심히 일했던 그 시간이 무척이나 감사하고 행복했다.

장사하면서 힘든 일도 많이 있었고 속상해서 책상 밑에 앉아 울기도 했지만, 지금은 노후보장이 될 만큼 돈도 모았고 자식들도 반듯하게 잘 자라주었다. 매년 여름이면 휴가가 일주일 이상이어서 상인분들과 함께 여행계를 들어서 여행을 많이 다녔다. 여행사를 통해서 다닌

여행이라 일정이 빡빡했지만, 그래도 유명한 장소는 다 가보고 여행 간 나라를 세어보니 30개국이 넘었다.

내가 조금만 관심을 기울여서 여행일기를 썼더라면 참 좋았을 것 같다는 생각이 든다. 이미 지난 일이지만 두고두고 아쉬운 부분이다.

유럽여행 후
색소폰을 배우다

유럽여행을 갔을 때 가이드가 유럽은 부자의 척도가 무엇인지 아느냐고 우리에게 물어봤다. 우리는 돈이라고 대답했지만, 아무리 부자라도 악기 하나 다룰 줄 모르면 부자취급을 못 받는다는 말이 내 가슴을 깊이 때렸다. 그래서 '나도 악기 하나 배워 보자'라고 마음을 먹게 되었고 특히, 남편 칠순잔치에 멋지게 연주해주리라는 결심을 하게 되었다. 처음에는 하모니카, 피아노 등을 배우려고 시도했었지만, 한창 바쁘게 일할 때라서 중간에 배움을 멈추게 되었다.

이제는 우리 사업 자체가 하향 산업이 되고 나이도 먹어가니 '가게를 그만둘 때가 됐구나' 라고 생각이 들 때쯤, 일을 그만두면 '제3의 인생은 뭐 하고 살지?' 늘 아침에 일어나서 출근하다가 그만두면 내가 무엇을 하면서 살아가지? 그런 고민을 하던 중에 마침 친한 교회 권사님께서 색소폰을 해보자는 권유에 응하게 되어 색소폰을 배우게 되었다. 여성 4명이 '해피 우먼'이라는 이름으로 뭉쳤다.

음치, 박치인 내가 악기를 공부한다는 건 쉬운 일이 아니었다. '도레미파'도 제대로 모를 정도로 음악과는 담을 쌓고 살았었고 배우는 게 얼마나 어려웠으면 몇 번씩이나 그만둘까 생각했었다. 하지만, 지금 그만두면 다음에는 절대 기회가 없을 것 같아서 낮에는 가게에서 열심히 일하고 밤에는 늦게 색소폰 동호회 가서 연습하였다. 아무리 피곤해도 색소폰 연주를 한 시간만 하고 나면 피로가 싹 풀렸다.

결국, 목표로 했던 남편 칠순잔치에 '해피 우먼' 4명이 축하연주를 멋지게 피로해서 더욱 의미 있고 행복한 시간을 만들었던 기억이 난다.

나이가 들면 아마추어로 취미활동 하는 게 참 좋은 것 같다. 그래서 남편을 설득했고 색소폰을 안 하겠다는 남편을 억지로 끌고 같이 색소폰을 배웠다. 덕분에 중요한 자리에 가서 무대에서 같이 연주하니 어디를 가나 환영받는다. 취미를 사랑하는 남편과 같이하니 더욱 행복하고 좋다. 가끔은 조금만 더 젊었을 때 시작했더라면 더 잘할 수 있었을 텐데 하는 아쉬움이 들기도 한다.

하지만 아쉬움은 아쉬움이고 색소폰 연주를 잘하기 위한 노력을 아끼지 않는다. 교회의 찬양대에 들어가서 찬양봉사도 열심히 하고 또 서울대 U3A 들어가서 합창도 열심히 한다. 사람의 능력은 무한하다. 그동안에 내가 음치인 줄 알고 노래방에 가면 노래 한 곡도 안 불렀는데, 요즘은 옆에서 '목소리 너무 좋아요.' 칭찬을 해주는 분도 있다. 그럴 때마다 기분이 좋아진다.

색소폰은
내 인생의 큰 선물

젊은 시절을 좋은지도 모르고 소중한 시간을 너무 허송세월로 보낸 것 같아 아쉽다. 하지만 평생 일터를 그만두기 전에 색소폰이라도 먼저 배워 놓은 것이 얼마나 다행인가?

색소폰을 배우고 나서 내 생각이 확 달라졌다. 우선 내 몸에 에너지가 생겼다. 활기가 넘치고 만사가 흥미롭고 하루하루가 즐거웠다. 나도 모를 자신감이 생겼고 뭔가 자꾸 배우고 싶은 마음이 생겨났다.

지인의 소개로 서울대 제3기 인생 대학에 들어가게 되었다. 일 년 동안 배우는 과정인데 서울대 유명한 교수님들의 강의는 내 마음을 그리고 내 영혼을 살찌우게 했다. 나한테는 너무 감사한 기회였다.

난 좋은 것은 항상 남편하고 같이하고 싶다. 나 혼자 하는 것보다는 남편하고 같이 활동하는 것이 즐겁다. 그래서 안 하겠다는 남편을 설득하기 위해 며느리, 손자까지 동원해서 결국 남편도 인생 대학에 들어가게 되고 나는 남편과 같이 다니기 위해 한 해를 더 다녔다. 그래서 나는 8기와 9기 남편은 9기를 졸업하였다. 이후 동문회 활동을 앞장서서 잘하고 있다. 그것도 내 노년기 인생에 큰 선물인 것 같다.

서울대 제3기 인생 대학은 매년 10월이면 동문 체육대회가 있다. 거기에서 장기자랑으로 남편과 함께 색소폰 연주를 했다. 합주로 나훈아의 '사랑'과 독주로 '시월에 어느 멋진 날에'를 연주해서 많은 박수를 받았다. 2019년에는 스포츠 댄스를 남편과 같이 배웠는데 서울대 동아리에 남편과 같이 출연해서 너무 멋지다고 찬사를 많이 들었다.

결혼해서 50년이 다 돼가는 우리 부부는 서로 사랑하는 마음으로 같이 활동하고, 취미 생활도 하면서 지금까지 건강하게 생활하고 있다. 정말 주님께 감사드린다.

사실은 서울대에 자녀들을 보내고 싶어서 봉천동 서울대 가까운 데로 이사를 왔는데 내가 바빠서 자녀들 케어를 잘못했는지 애들이 공부를 안 했는지, 서울대 갈 실력이 안 됐는지 한 명도 못 보냈다. 하지만 다행히 며느리가 서울대 대학원을 나온 것에 감사하며 살다가 우리 부부가 서울대 인생대라도 다니게 되어서 기쁘다.

교수님들의 귀한 강의를 들으면서 노년의 인생 설계를 하게 됐다. 지금까지는 돈만 버느라고 열심히 살았지만, 노년의 내 인생을 멋지게 보람 있게 살리라.

색소폰을 배우면서 많은 좋은 사람들을 알게 됐고 인생을 알게 됐다. '나이 먹으면 무슨 재미로 사는가?' 했더니 나이 먹어보니, 그 나름대로 사는 재미가 있다.

색소폰 연주하다 보니 그동안에 몰랐던 노래들이 정말로 많다. 어쩜 그렇게 노래가 많은지, 이것도 연주해보고 싶고 저것도 연주해보고 싶고 연주하고 싶은 멋진 곡들이 너무나 많다.

색소폰을 배워서 생각만큼 잘 연주가 되지 않아 속상할 때도 '그래도 이만큼이 어디야! 음치 박치가 이렇게 연주할 수 있는 것도 큰 감사다!' 하면서 스스로 위로하기도 한다.

'해피 우먼' 색소폰 팀은 여기저기 봉사연주를 많이 다녔다. 신창노인복지관은 어르신들이 우리 연주에 맞추어 노래도 하시고 춤도 추시고 참 즐거워하셨다. 우리도 덩달아 기분이 좋아지고 보람을 느끼게 되었다.

우리 충신교회에서는 매년 10월이면 서초 3동 동사무소와 같이 서초 3동 어르신들을 모셔놓고 점심을 대접하면서 어르신들을 즐겁게 해 드린다.

'해피 우먼' 여자들 4명이 연주해 드리면 정말 좋아들 하신다. 종로구 구민회관 '돗자리 음악회'에는 친구들과 같이 가서 연주했다. 신나게 연주하면 반응이 뜨겁다. 색소폰을 배워 여기저기 불러주는 곳마다 봉사하는 행복이 큰 행복이다. 실력을 늘리기 위해 오늘도 열심히 연습에 정진한다. 우리가 필요한 곳 우리를 찾는 곳이 있으면 어디든지 가서 봉사로 연주할 생각이다.

한번은 우리 사랑하는 작은 조카가 아버지 일찍 여의고 혼자 힘들게 살다가 예쁜 처녀를 만나 결혼을 한다고 인사를 왔다. 새아기 될 아가씨가 맘에 들고 참 예뻤다. 조카며느리 될 아가씨가 예쁘고 똑똑하게 보이고 우리 조카하고 잘 어울리고 잘 살 것 같아서 기뻤다. 그래서 조카 결혼식에 내가 축하연주 해준다 했더니 조카도 기뻐했다. 마음껏 축복해 주고 싶어서 결혼식 날 남편이랑 같이 둘이서 색소폰 연주로 축하해 주었다. 새 가정을 이루고 우리 조카 가정 앞날에 무한한 행복이 있기를 잘 살아가길 마음속으로 기도 하면서 온 마음과 정성을 다해 연주했다.

내가 색소폰을 배워 조카 결혼식 때 축하연주를 해 줄 수 있어서 정말 기뻤다. 그때는 배운지 얼마 안 될 때인데 어디서 그런 용기가 났는지… 그때 사돈어른이 놀라서 입을 다물지 못하시는 모습이 지금도 눈에 선하다.

조카는 딸을 낳아 예쁘게 잘 살아가고 있다. 앞으로도 더 행복하게 잘 살아가기를 바란다. 지금도 그때를 생각하면 마음이 흐뭇하고 감사하다.

2019년 11월 중순쯤에 화천에 있는 이외수문학관에 시 낭송과 기념행사가 있었는데 남편과 같이 축하연주를 했다. 시 낭송과 어울려 색소폰 연주하는 두 분이 너무 멋있다는 찬사를 많이 받았다. 어딜 가나 우리는 부부로 활동하기 때문에 부러움과 찬사를 많이 듣는다.

화천에서 아름다운 경치를 보면서 색소폰 연주한 것이 가장 행복하고 즐거운 추억으로 남는다.

　남양주에 있는 보아스 사랑의 집이 있다. 지체장애인들이 한 30분 정도 계신다.

　가끔 가서 연주 봉사를 하는 곳이다.

　지체장애인들이라 말도 잘못하고 부모님들이 찾아오는 분이 별로 없다고 한다. 찾지 않는 부모도 엄마가 가장 보고 싶다는 원생들도 다 마음을 아프게 한다.

　우리가 색소폰을 연주하면 박수를 치는데 박수도 박자가 잘 안 맞는다. 그래도 색소폰 연주를 좋아한다. 조금이라도 위로와 기쁨을 주기 위해, 한 달에 한 번씩 간식을 사 간다. 요즘은 코로나바이러스 때문에 못 가고 있어서 아쉬움이 크다.

　2020년 2월 15일에 남예종예술실용전문학교 제1회 총장 배 시낭송 대회가 있었다.

　나는 시낭송 대회에도 나가고 남편과 같이 색소폰 연주를 했다. '사랑', '안동역에서', '날개' 등을 멋지게 연주하고 왔다.

　연주하고 나면 항상 아쉬운 마음이 들지만, 그래도 남편과 같이 연주하는 기분은 참 좋고 행복하다. 앞으로 건강관리를 잘해서 색소폰으로 많이 봉사하러 다니고 싶다.

　색소폰 덕분에 더 젊어진 것 같고 마음이 늘 상쾌하고 배우고 싶은 것도 많아졌다. 영어, 중국어, 일어, 댄스 다 도전해볼 생각이다. 이미 배우기 시작한 것도 있지만, 색소폰을 배우면서 다른 악기도 또 도전하고 싶다. 내 인생 새롭게 시작하는 마음으로 도전할 것이다.

늘 청년의 마음으로
열정적으로 보내는 일상

선물 2

나태주

나에게 이 세상은 하루하루가 선물입니다
아침에 일어나 만나는 밝은 햇빛이며 새소리
맑은 바람이 우선 선물입니다

문득 푸르른 산하나 마주했다면 그것도 선물이고
서럽게 서럽게 뱀 꼬리를 흔들며 사라지는
강물을 보았다면 그 또한 선물입니다.

한 낮의 햇살 받아 손바닥 뒤집는
잎사귀 넓은 키 큰 나무들도 선물이고
길 가다 발밑에 깔린 이름 없어 가여운
풀 꽃들 하나하나도 선물입니다.

무엇보다도 먼저 이 지구가 나에게 가장 큰 선물이고
지구에 와서 만난 당신
당신이 우선적으로 가장 좋으신 선물입니다

저녁 하늘에 붉은 노을이 번진다 해도 부디
마음 아파하거나 너무 섭하게 생각지 마서요.
나도 또한 이제는 당신에게
좋은 선물이었으면 합니다.

내가 처음으로 외우고 늘 낭송하는 좋아하는 시다. 마음이 울적하고 기분이 다운되면 이 시를 큰소리로 낭송한다. 낭송하고 나면 기분이 밝아진다. 나는 이 세상에서 만난 모든 것들을 하나님께서 내게 주신 귀중한 선물로 여긴다. 그러니 미운 사람도 없고 만난 모든 분이 감사하고 사랑스럽다.

세월은 얼마나 빨리 가는지 사진첩을 꺼내어 쭉 보다 보면 분명 내가 지나오고 살아왔는데도 내가 아닌 것 같다. 건강한 삶을 위해 매일 하는 운동이 보약보다 낫다는 의사 선생님의 권유로 아침저녁으로 어떠한 일이 있어도 꼭 맨손체조를 한다. 체조하고 나면 피곤이 싹 풀리고 건강해지는 느낌이 든다.

아침저녁으로 하는 맨손체조는 꾸준히 할 생각이다. 그리고 걸어가면서도 앉아있을 때나 허리와 어깨를 펴고 바른 자세를 하려고 노력한다.

서울대 정성근 교수님의 강의를 들어보니 요즘은 허리 수술을 너무 남발하고 있다고 한다. 허리는 바른 자세만 유지해도 얼마든지 고칠 수 있다고 하셨다.

〈백 년 허리, 백 년 목〉의 저자로 서울대 병원 정형외과의 유명한 선생님이시다. 서울대 인생대는 실제 서울대 학생들을 가르치시는 현역 교수님들이 강의하셔서 좋다. 어디 가서 우리가 서울대 교수님들의 강의를 듣겠는가?

서울대 제3기 인생대 동문은 합창 모임도 하고 댄스동아리도 같이

하고 골프동아리도 같이 하면서 만남을 이어가고 있다. 워낙 사람들과 어울리는 것을 좋아해서 세 개의 동아리에 다 가입하였다.

얼마 전 이화여대 글로벌미래교육원에서 배웠던 '시낭송&문학테라피 과정'을 통해서 시를 알게 되고 시낭송을 할 좋은 기회가 됐다. 시를 접하면 접할수록 매력이 느껴진다.

자녀들에게 인정받는 삶, 노후를 어떻게 보내야 자녀들에게 인정받는 삶이 될까? 요즘은 이런 생각을 많이 하게 된다. 내가 내린 결론은 취미 생활을 즐기고 건강하게 사는 게 자식들을 편안하게 해주고 사랑하는 길이라 생각한다.

누군가 TV에서 부모가 자녀에게 주는 가장 큰 선물은 부모가 자녀들이 잘 자라고 클 때까지 부모가 행복한 모습을 보여주는 것과 잘 살아 주는 것이라 했다. 그런 면에서 우리 부부는 자식들에게 가장 큰 선물을 해준 셈이다.

결혼해서 지금까지 남편과 서로 사랑하는 마음으로 서로 위해주면서 살아왔으니 말이다. 이 자리를 빌려서 남편에게 무한한 감사를 드린다. '오직 가정과 자식들만 위해서 열심히 사신 당신 최고입니다. 감사합니다. 앞으로도 남은 인생 사랑하면서 살아요'

아침에 눈 뜨면 옆에 누워있는 남편이 믿음직스럽고 감사하다.

늘 우리는 아침 인사를 독특하게 한다. 굿모닝, 쟈오샹 하오, 오른손 악수로 '반갑습니다.' 왼손 악수로 '행복합니다.', '사랑합니다.' 그리고 심장과 심장이 맞닿게 안아준다. 그럼 서로 심장박동이 교류해서 건강에 좋다고도 하고 아침에 웃으면서 하루를 시작할 수 있어서 참 좋다.

앞으로도 계속 아침 인사를 유쾌하게 할 것이다.

인생은 정말 빨리 흘러간다. 젊은 시절에는 일하느라 애들 키우느라 어찌 시간이 지나는지 모르고 인생의 의미도 모른 체 지나가 버렸다.

내 희망 사항은 80세~85세 사이에 아프지 않고 건강하게 살다가 음력 춘삼월쯤 홀연히 2~3일 정도만 아프다 가고 싶다.

앞으로 자녀들이 인생을 살아갈 때 자신감을 가지고 성실하게 곧게, 열심히 살아서 풍요롭고 행복한 사랑을 실천하면서 살아가기를 희망한다.

어려서 형제가 9남매라 부모님은 자녀들 키우시느라 애쓰셨겠지만, 우리 9남매는 만나면 늘 반갑고 행복하다. 어머니 돌아가시기 전해부터 매년 설날이면 펜션을 빌려서 온 가족이 모여 하룻밤을 같이 보낸다. 온 가족이 모이면 40명쯤 된다.

감사하게도 가족모임은 정말 특별한 일이 없는 한 다 모인다. 각 가정에서 반찬 한 가지씩만 준비해 와도 진수성찬이 된다. 가족이 기도와 예배로 입소식도 하고 게임도 하고 끼리끼리 모여서 이야기도 하면서 즐거운 시간을 보낸다.

우리 집안의 자랑은 어른들과 아이들이 모이면 다툼이 한 번도 없다는 것이다. 서로 위하고 챙겨주고 1년에 한 번 온 가족이 모이는 날을 늘 손꼽아 기다린다. 즐거운 시간을 보내고 퇴소식을 하고 기도하고 헤어진다. 바람이라면 이 가족모임이 오래오래 지속되기를 바란다.

인생을 살아가는데 가장 중요한 것은 남의 돈 한 푼도 소홀하지 않고 신용을 잘 지키고 살아왔다는 것이 내 자부심이다. 물론 대부분의 사람은 다 그러하지만 그렇지 못한 분들이 주변에 종종 있다. 복을 받고 잘 살려면 철저하게 지키자는 것이 나의 인생 철학이다.

올해 내 나이가 69세,

정읍여고 23회 동창회 회장으로서 동창 친구들과 같이 좋은 나라 선택해서 칠순 여행도 추진해볼 계획이다. 뜻깊은 여행이 될 것 같다. 그동안 우리 동창회는 거의 20년을 만났다. 봄과 가을, 1년에 두 번씩 관광버스를 타고 국내 유명한 관광지를 다 다녔다.

우리 큰아들이 맨 먼저 결혼해서 큰아들 결혼 때 축하해 주러 온 친구들이 주축이 돼서 모였다. 어느 모임에서나 사랑을 베풀어 피스메이커(Peacemaker)가 되고 열정과 희망으로 열심히 살아갈 것이다.

나의 단점이 있다면 오지랖이 넓어서 여러 가지 일에 참견을 잘한다. 자녀들에게도 이래라저래라 참견을 자주 했는데, 이제는 자녀들이 잘 해 나갈 거라 믿고 응원만 해야겠다.

상대에게 늘 도움이 되는 사람이 되고 싶다. 그래서 대형 마트를 이용하기보다는 내 이웃의 작은 마트 내가 사는 아파트 앞의 가게를 이용하는 편이다. 내 주위의 내 이웃이 소중하다고 생각이 들기 때문이다. 그러니 사장님께서 엄청 고마워하신다.

이영실! 나 자신을 사랑하고 응원한다.

열정과 희망, 활력과 생기가 넘치는 이영실을 사랑한다.

나이를 먹어도 사무엘 울반의 '청춘'에 나오는 시 귀처럼 '20세의 청년이라도 열정을 잃으면 늙은 것이고 80세의 노인일지라도 열정을 잃지 않으면 청춘으로 남는다'는 것을 나이 들어가도 마음만은 청춘으로 남을 것이다.

늘 에너지 넘치는 생활을 해 나를 만난 모든 분에게 '에너자이저(Energizer)'가 되고 싶다.

색소폰 연주한 것을 녹음해서 들으면서 마시는 차 한잔은 날 무척 행복하게 만든다. 색소폰 배우기를 참 잘했다는 생각이 든다.

예쁘고 멋지게 자라는 손녀, 손자는 나의 가장 큰 기쁨이고 행복이다. 꿈을 가지고 꿈을 향해 열심히 공부하며 바르고 착하게 명랑하게 자라는 모습이 자랑스럽고 나의 마음을 들뜨게 한다. 손녀, 손자를 아주 많이 사랑한다. 생각만 해도 가슴 떨리고 마음이 풍요로워진다.

애들이 초등 시절엔 나랑 같이 '굿모닝 팝스' 영어 문장을 녹음해 별빛달빛 라디오 방송국을 만들어 우리 셋이 아나운서가 돼서 녹음했던 즐거운 자료는 내 재산목록 1호다. 지금도 가끔 들어본다. 우리 손녀, 손자가 자라면서 발전하는 모습을 보는 게 요즘 나의 큰 기대고 살아가는 기쁨이기도 하다.

앞으로도 계속 색소폰을 연주하고 봉사하고 시낭송을 하며 시와 함께 즐거운 생활을 하고 싶다. 여건이 된다면 자서전 한 번쯤은 써서 책을 내보고 싶다. 스포츠댄스도 열심히 해서 복지관 같은데 가서 무료 봉사도 하고 싶다. 조금 늦은 감은 있지만, 동화 구연을 배워서 보육원 아이들에게 재능기부도 하고 싶다.

이 모든 것을 지켜주시고 같이 해주시는 주님께 감사드리며 부족한 저에게 글을 쓸 기회를 주신 김대정, 김선주 교수님께 무한한 감사를 드린다.

앞으로도 나는 최선을 다해 열심히 살아갈 것이다.

이영실!

행복한 현재와 내일을 향해서 Go! Go!

[참고문헌]

* 〈선물2〉, 나태주

제8장

치매 국가책임제! 치매 예방하기

권미경

- 한국시니어플래너지도사협회 강사
- 한국치매예방교육원 강사
- 한국인지개발교육원 강사
- 강릉 여성의 전화 폭력예방 강사
- 학습코칭 강사

–

강의분야
- 뇌 교육 지도사
- 치매예방이론교육/인지미술/인지놀이/인지신체체조/뇌자극 체조/성인지
  향상교육/폭력예방강의/20대의 성이야기/노인의 성 이야기/학습코칭/부모
  교육/육아 상담

치매 이야기

1. 치매 바로 알기

건강 관련 의료분야가 나날이 발전하면서 새롭게 알게 되는 의료지식에 관한 정보들이 많다. 하지만, 가끔은 검증 안 된 정보들이 우리 곁에서 혼란을 주기도 한다.

치매와 치매 예방 역시 바로 알게만 된다면 발전하는 이 시대의 여러 가지 정보 속에서 우리의 마음가짐을 새롭게 하고 멋지게 나이들 수 있도록 한다.

노환이 누구에게도 예외일 수 없듯 언젠가 치매도 나에게 온다고 생각해야 한다. 그렇게 인정하고 인지한다면 지금부터 나 자신에게 미리 고급 정보를 주고 알아두는 것이 상책일 것이다.

우리나라에서는 치매를 '인지장애'라고도 말한다. 일본에서는 '인지증'이라고 치매를 지칭한다. 초기증상으로는 말씀을 두리뭉실하게 구체적으로 단어표현을 못 하시게 된다. 그거, 이거, 저거로 통일된 대화는 주의하여야 하며, 가급적 말씀하실 때 구체적인 단어를 사용할 수 있도록 도와드려야 한다. 걸음걸이가 이상해지시거나, 깔끔하셨던 분이 방이나 주변을 지저분하게 관리하시고, 약속하고 나서 약속을 안 하셨다고 오리발을 내미시거나, 활동적이시던 분이 방에서 나오지 않으실 때도 유심히 보아야 한다. 언젠가부터 음식을 대충 씹고 넘기시고 목에 걸리시거나 물을 마실 때 급하게 드셔서 자주 사리에 걸리는 경우도 예사롭게 넘기지 말아야 한다.

치매란 대뇌 신경세포의 손상 등으로 단기, 장기기억력, 사고력, 지남력, 이해력, 언어력, 계산능력, 학습능력, 인지 기능 등이 지속적이며, 본질적으로 상실되는 병을 말한다.

고령화가 증가하는 추세인 우리나라는 통계청 자료에 의하면 알츠하이머 치매가 71.3% 혈관성 치매는 16.9% 그리고 기타 치매는 11.8%인 것으로 나타났다. 그중에서 65세 이상이 25%가 넘는 것으로 알려져 있다. 치매 예방 연구가로서 깊은 한숨이 나오게 된다.

일상적인 생활을 정상적으로 생활해오던 사람이 다양한 여러 가지 요인으로 인해 뇌 기능이 손상되면서 인지 기능이 지속적으로 약해지면서 일상생활에 상당한 지장이 나타나고 있는 상태라는 것을 말한다.

2. 치매의 종류

2014년 기준으로 치매 환자는 전 세계에 약 4천만 명이 넘고 있다. 치매는 나이가 많은 사람 즉 노인에게 높은 확률로 나타나게 된다. 통계에 따르면 65세에서 74세까지의 연령별 치매 발병률은 3%가 채 안 되지만, 75세부터 84세에 접어들면서 치매 발병률은 19%까지 치솟고 있다. 치매는 환자 자신의 육체적인 고통은 없는 질환이지만, 주변 사람들이 슬퍼지고 힘겨워하는 가장 무서운 병이다. 예전과 비교하면 점점 늘어나는 추세고, 노년뿐 아니라 60세 이하 젊은 사람들도 발병률이 높아지고 있다.

치매의 종류를 보면 퇴행성 질환으로는 알츠하이머, 레비소체 치매, 전·측두엽 치매, 파킨슨 치매 등이 있고 뇌혈관성 질환으로는 혈관성 치매와 다발성 뇌경색 성 치매 등이 있다. 대사성 질환으로는 갑상선 기능 저하증 등으로 치매를 겪을 수 있으며, 결핍성 질환으로는 비타민결핍이나 엽산 부족으로도 치매를 앓을 수 있다. 중독성 질환으로는 알코올이나 약물과 중금속 중독으로도 치매를 앓게 될 수 있다. 뇌종양이나 뇌의 외상 등으로도 치매를 겪을 수 있고, 그래서 뇌를 보호해야 하며 우리의 생활습관도 예의주시하며 관리할 수 있어야 한다. 치매는 누가 뭐래도 초기에 발견하고 관리가 들어가는 것이 너무나 중요하다.

① 알츠하이머는 여성이 평균 2배 정도 더 잘 걸리고, 나이가 많을수록 또 학력이 낮거나, 직계가족이 치매 환자일 경우, 심한 머리 손상이나, 손상이 약해도 반복적으로 손상이 있을수록 잘 걸리는 치매이다.

② 혈관성 치매는 알츠하이머 다음으로 높은 치매이다. 뇌혈관의 문제로 인해 뇌혈관에 뇌경색이나 뇌출혈 등의 질환이 손상을 일으켜 뇌 기능이 떨어지게 되면서 치매로 이어질 확률이 크다. 뇌졸중의 부위에 따라 증상이 다양하게 나타날 수 있다. 하지만 뇌졸중의 병력이 있다고 해서 반드시 치매의 원인이 되는 것은 아니라고 전문가들은 말한다.

③ 레비소체 치매는 퇴행성 치매 중에서 알츠하이머 다음으로 많은 치매이다. 시각적 환각으로 헛것이 보이기도 하며 착각에 빠뜨리곤 한다. 증상들이 비슷해서 알츠하이머나 파킨슨 치매로 오진하는 예도 있다고 한다. 길을 잘 잃고 헤매는 증상이 나타난다.

④ 초로기 치매는 장기간에 걸쳐 서서히 진행되는 노인성치매와 달리 젊었을 때 발병하는 치매를 초로기(初老期) 치매라고 한다. 초로기는 한자인데 (初:처음 초 老:늙을 로期:기약할 기) 풀어 해석하면 노인의 초입에 거한다는 뜻이 있어서 젊은 치매라고도 한다. 나이는 65세 이하라고 하지만 실질적으로 20대, 30대, 40대에도

발병한다. 초로기 치매가 더욱더 무서운 것은 노인성치매보다 빠르게 진행된다는 것이다. 다시 말해서 뇌 손상 속도가 노인성치매에 걸린 어르신들보다 빠르다는 것이다. 전문가들은 10년을 넘기기 어렵다고 말한다.

⑤ 기타 치매에는 알코올 중독으로 인해 생기는 알코올성 치매가 있다. 술을 지속해서 많이 마시면 비타민 B1의 결핍으로 뇌 손상을 일으키게 된다. 알코올로 인한 독성물질에 의한 뇌 기능 장애가 일어나며 기억력이 손상되고 계획을 세우거나 판단하고 대인관계 기술과 균형을 담당하는 기능이 가장 많이 손상되게 된다. 여러 날 오래도록 반복된 음주습관이 가져와서 기억을 못 하게 되며 일반적인 치매보다 30대 이상에서 급하게 발병되는 추세다.

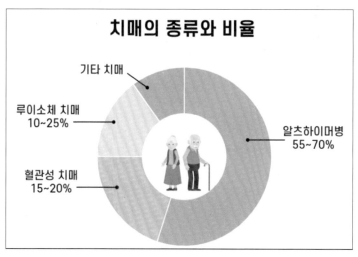

인터넷 네이버 자료참조

3. 치매와 뇌

왜 치매가 뇌 기능을 막고 있는지 알아보자.

이 부분은 전문지식이 필요한 부분이라 전문서적인 〈치매와 관련된 뇌의 구조와 기능〉을 참고하였다.

대뇌피질 단백질

뇌는 신경세포와 신경 교세포라고 하는 두 종류의 세포들이 모여 있는 덩어리이다. 이 중에서 신경세포가 주로 신체활동과 정신활동을 담당하는데, 그 신경세포의 몸체는 주로 뇌의 겉껍질 부분에 모여 있다. 그래서 이 부분을 피질(皮質, cortex)이라고 부르고 약간 회색 기운을 띠고 있어서 회백질(Grey matter) 이라고도 부른다. 반면, 신경세포의 몸체에서 뻗어 나온 가지들은 신경 섬유의 다발을 이루어 뇌의 내부로 향해있는데, 그 색깔이 희며 반짝반짝 윤기를 띠고 있어서 백질(白質, white matter)이라고 불린다.

전두엽 피질

전두엽은 머리 앞부분, 즉 이마 부위를 중심으로 한 대뇌의 껍질 부분을 말한다. 이 부분의 신경세포들이 주로 하는 일은 일을 계획하고, 적절하게 실행하고, 또 너무 지나치지 않도록 적당한 제동을 거는 일을 담당한다. 말하자면 자동차 엔진, 운전대, 브레이크에 해당한다. 엔진에 해당하는 것은 의욕, 동기, 활력에 해당하며, 운전대에 해당하는 것은 일의 순서와 방법, 판단력과 융통성에 해당하며, 브레이크는 자제력, 충동 조절 등의 역할을 담당한다.

두정엽 피질

두정엽은 머리(頭)의 정수리 부분(頂)이라는 의미로 이름이 붙었다. 특히 오른쪽 두정엽은 공간을 파악하는 능력을 갖추고 있다. 처음 가본 곳에서 방향을 파악하거나, 시곗바늘의 위치를 보고 지금 몇 시 정도 되었는지를 파악하는 능력, 조끼의 어느 구멍으로 팔을 집어넣어야 옷을 제대로 입을 수 있는지 아는 능력 등이 모두 이 두정엽 기능의 공간 파악 기능 때문에 가능하다. 알츠하이머병에서는 이 두정엽 기능이 비교적 초기부터 저하되는 것으로 알려져 있다.

측두엽 피질

측두엽은 뇌의 양 측면의 피질을 말한다. 즉, 양쪽 귀의 위쪽인 이른바 '관자놀이'라고 부르는 부위에 해당하는 영역이다. 특히 이 부분은 치매의 이해에 중요한데, 왜냐하면 알츠하이머병과 같은 질병에서는 이 측두엽 부위의 신경세포가 자꾸 죽어서 없어지는 것이 주요현상이기 때문이다. 이 측두엽이 기억력, 학습능력, 언어능력 등을 담당하므로 치매에서는 기억력이 떨어지고 언어 표현과 이해 능력이 점차 떨어지게 되는 원인이 된다.

후두엽 피질

대뇌의 뒷부분, 즉 뒤통수 부분에 해당하는 피질 부위가 후두엽 피질이다. 이 부분은 주로 시각적인 내용을 파악하는 기능이 있다. 우리가 사물을 보면서 주변의 물건들을 파악하는 것은 이 후두엽 피질의 기능이 온전하기 때문이다. 뇌혈관 장애, 뇌종양 등으로 후두엽 피질이 손상되면, 안구(눈)는 멀쩡하게 정상적이라 하더라도 자기가 본 것이 무엇인지를 잘 파악하지 못할 수가 있다. '보는 기구'와 '해석하는 기구'가 다르기 때문이다.

변연계와 해마

모서리나 가장자리를 의미하는 변연계(limbic system)는 대뇌피질과 시상하부 사이에 위치하는 일련의 구조물들을 가리키며 주로 감정, 행동, 욕망 등의 조절에 기여하며 특히 기억에 중요한 역할을 한다. 이중 해마는 알츠하이머병에 의해 점진적으로 위축이 진행되는 것으로 알려져 있으며 이로 인해 환자는 질병 초기에 최근 기억의 장애가 발생한다고 알려져 있다.

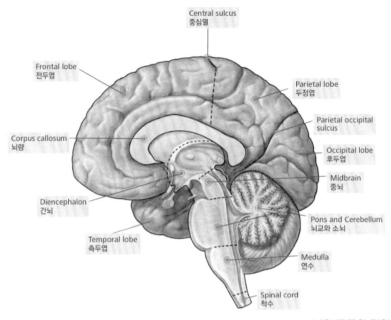

뇌의 구조와 명칭

출처: 중앙치매센터 홈페이지

4. 치매에도 골든 타임이 있을까

나를 키워주신 할머님도 치매이다. 10년이 넘게 혈관성 치매를 앓고 있는데 올해로 97세가 되셨다. 13년 전 어느 날 쓰러지셨고 쓰러지시고 일어나시려고 엉금엉금 기시다가 다시 쓰러지셨다는 이야기를 전해 들었다. 병원으로 옮겨지셨고, 정신을 차리시고 눈을 뜨셨을 땐 이미 사람들을 잘 알아보지도 못하셨다. 할머님께서는 5남 1녀를 두셨는데

아들, 며느리, 손자, 손녀, 사위까지 생일을 다 알고 계셨을 정도로 머리가 총명하셨다. 하지만 이제는 누구라고 알려드리면 안다고 고개를 끄덕거리실 뿐이셨다. 날짜나 당신이 계시는 곳인 병원이 어딘지도 알아보지 못하셨고, 그 후로 현저하게 다른 징후들이 나타났다.

간호사를 내 이름을 부르시는 것을 보고 지금 상황이 안 좋으시구나 생각하게 되었다. 평소에 안 드시는 아이스크림을 드시곤 하셨으며, 아프신 후 식성이 달라지셨다고 신기했지만, 뇌에 이상이 진행되는 초·중기 치매였던 것 같다. 사람도 잘 알아보지 못하시고 말씀 듣는 것도 말씀하시는 것도 대충 인지하시는 느낌이었다.

그때는 아무도 치매가 올 것이라고는 생각 못 했다. 안타까운 마음에 치매에서 벗어날 골든 타임이 있었다면 이라는 생각을 해 보았다. 우선 치매의 초기증상들을 알고 지속적인 이상이 보일 땐 전문가와 상담을 받아 관리해 나가야 한다.

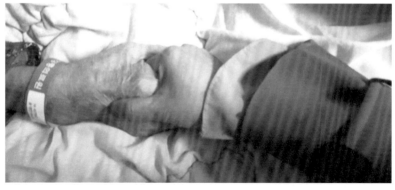

치매이신 할머님과 맞잡은 나의 손

무엇보다도 중요한 골든타임은 치매를 조기에 발견하는 것이고, 그것보다 더 중요한 것은 예방하는 것이다.

5. 기억이 잘 나지 않아요… 치매인가요?

건망증이란 증세와 치매의 증세는 다르다. 일상생활을 하면서 유난히 신경 쓰고 바빠지는 시기가 있다. 결혼과 출산, 직장과 양육, 기타 등등 그때 뇌에서 기억하는 저장 공간에 문제가 생기기도 하는데, 출력할 정보가 없는 것이 아니라 너무나 처리할 일들이 많다 보니 하나하나 기억해 둘 때 인지하지 못하고 저장된 정보처리를 빠르게 출력하려다 보니 과부하가 걸려서 기억이 재생되지 못하는 현상이 가끔 혹은 자주 일어난다. 이것을 우리는 건망증이라고 말한다.

늘 사용해 오던 물건의 이름이 갑작스럽게 떠오르지 않을 수 있다. 늘 사용했던 냄비의 이름이 떠오르지 않을 수 있지만, 그럴 때 힌트를 받거나 찬찬히 기억을 더듬어 생각이 난다면, 그것은 건망증이라고 할 수 있다. 하지만, 치매는 냄비가 어디에 쓰는 물건인지조차 알지 못한다. 그래서 기억을 못 하는 것이다.

건망증은 바쁜 일상을 조절하고 뇌를 조금 쉬게 해 주면 많은 도움이 된다. 도움이 되는 뇌 훈련 방법을 이야기해보면 어떤 행동을 하면서 그 행동을 말로 소리 내어 이야기하고 그 말을 들어두는 것이다. 휴대폰이나 리모컨을 두고 못 찾는 경우가 종종 있다. 휴대폰을 소파 옆에 두면서 소리 내어 내 행동을 이야기하는 것이다. "내가 휴대폰을 오른쪽 소파에 두었어!"라고 이야기하는 것이다.

강의하면서 간혹 포인터를 어디에 두었는지 몰라 찾을 때가 있다. 처음에는 찾느라 식은땀도 났지만, 조금 바빠도 포인터를 두는 곳을 소리 내어 말하면서 기억해 두고 강의한다. 행동하는 것을 말하며 다시 귀로 들으니 잘 생각이 나며 이것이 훈련되어 자리 잡으면 기억력에 도움이 된다.

치매 가족 이야기

1. 인지와 인정 - 가족들이 가장 많이 하는 실수

할머님이 혈관성 치매로 주간 돌봄을 9년간 다니셨다. 주간 돌봄 센터에서는 오전 9시부터 오후 6시까지 돌봄 센터에서 지내시다가 집으로 돌아오시게 된다. 그러다 작년 7월 요양원에 입원하시게 되었다. 요양원에 입원하시게 되면서 24시간 돌봄 서비스와 의료서비스를 함께 받고 계신다. 저녁 시간이나 주말 시간을 가족과 함께 보내게 되는데 약을 드시면 많이 누워계시고 스스로 무엇을 하시기가 어렵다.

우리는 할머님을 항상 올바르게 인지시키려 했다. 예를 들어 이런 경우이다.

작은 어머님이 밥을 드리면 손녀인 줄 아시고 "미경아, 고맙다! 밥 먹자!" 하신다.
그러면 작은 어머님은 "미경이 아니고요. 어머님, ○○ 엄마예요"라고 하신다.

병원에서도 간호사에게 미경이냐고 물으시고 여기가 옛날 살던 그곳으로 생각하고 그곳 이야기를 하실 때가 있다.

보통 우리는 "할머니~ 저분은 간호사예요!" 또는 "할머니, 여기는 밖이 아니고 우리 집이에요." 하면서 상황을 자꾸 인지시켜 드리려고 한다. 하지만 할머니가 말씀하시는 것을 받아 인정하는 대화를 사용하는 것이 더 좋다고 생각한다. 어차피 새로운 것에 대한 인지가 어려우신데 계속 수정하여 인지시키는 것보다 말씀하시는 그 상대를 그대로 두고 함께 이야기를 나누어 보는 건 어떨까?

의견을 물으실 때도 선택할 수 있는 물음을 준비해주세요!
식사메뉴를 물을 때도 오늘 점심 칼국수 드실래요? 잔치국수 드실래요?
질문의 형태를 바꾸어 선택할 수 있도록 뇌를 자극해 주세요.
옷을 입으실 때도 분홍색 입으실래요? 초록색 입으실래요?

치매는 치매에 걸린 환자뿐 아니라 치매 환자를 부양하고 있는 가족까지 힘겨움의 삶으로 몰아가는 무서운 병임이 틀림없어 보인다. 고령화 사회가 진행되며 노인성치매는 사회적 문제로 대두했고 우리 곁으로 바짝 다가왔다.

우리 집안만 해도 혈관성 치매를 앓고 계시는 할머님이 계시다 치매에 걸린 분을 돌봐드려야 하는 상황이 더 이상 남의 일이 아니다. 이제는 개인의 부담이 커질 수밖에 없는 현실 속에서 국가는 조금씩 움직이고 있다.

2. 가족들도 위로받아야 한다

건강관리만 잘하면 아프지 않고 거뜬하게 100세를 사는 세상이 되었다. 그러나 수명이 연장되면서 강력한 질병이 문제가 되었는데 바로 치매이다.

혈관성 치매를 앓고 계시는 할머님은 작은댁 숙부, 숙모님이 모셨는데 숙모님은 시어머님의 치매로 직장을 그만두셨다. 퇴근 후에 짐 보따리를 싸셔서 나가시는 할머님을 찾아다니는 것이 문제가 된 것이다. 주간보호센터에 할머님을 모셔도 하루도 맘이 편하지 못하셨다.

번듯한 외식 한번이 쉽지 않았고, 할머님 증세가 이렇다저렇다 말씀 꺼내시는 것도 부담스러웠다고 한다. 자유롭게 외출하기가 쉽지 않았으며, 정보 또한 공유하기 어려웠던 터라 너무 힘들어하시고, 병원비도 만만치 않고 형제들에게 말 꺼내기조차 쉽지 않았다고 하셨다.

작년에 요양원에 입원하셔서 지금 국가에서 주는 치매 가족 혜택을 제대로 받지는 못해 마음은 아프지만, 할머님께서 혜택을 받을 수 있어 한시름 놓으셨다. 이러한 어려움을 치매안심센터에서 가족에게도 상담이나 그 외 이용할 수 있는 서비스 공간을 운영하고 있다.

치매 국가책임제

1. 우리 식구의 일이니 감당은 나에게

개인이 짊어지기에는 너무나도 버거운 치매, 우리나라 어르신 10명 중 1명이 치매 환자이다. 우리나라는 2008년 9월 '치매와의 전쟁'을 선포하였고 국회는 2011년 8월 '치매관리법'을 제정하게 된다. 조금은 안정적으로 치매를 관리해 나갈 수 있는 기초를 마련한 셈이 되는 것이다.

우리나라는 2017년 7월에 치매국가책임제 공약을 발표하게 된다. 치매국가책임제는 급증하는 치매 환자의 증가에 따라 이를 개인의 부담으로 돌리기보다 국가가 앞장서서 국가 돌봄 차원으로 격상하여 함께 하겠다는 의지를 보여주는 정책이다.

치매국가책임제는 치매 예방, 조기발견, 지속적 치료와 관리에 관하여 치매로 인한 사회적, 경제적 비용을 절감하자는 취지로 정부에서 추진하고 있다.

우리나라는 이미 2000년에 고령화 사회로 진입하였고, 이후 세계에서 손꼽히는 빠른 속도로 고령화가 진행 중이다. 아울러 노인성 질환이나 일상생활이 어려운 노인들이 증가하고 있다. 이에 전국에 치매안심센터와 치매안심병원을 확충하였고, 치매의료비에 대한 부담을 완화해주고, 전문 요양사 파견제를 도입하면서 폭넓은 제도들이 있으니 알아두면 좋다.

치매노인공공후견인제도

각 지자체에 계시는 독거노인 종합지원센터와 치매안심센터가 함께 대상자를 찾아 치매 서비스와 검진, 독거노인 안부 확인 등을 활용하여 치매 노인의 재산관리를 돕고 수술 등 중요한 의료행위를 동의하는 의사결정을 하는 등의 후견인 역할을 하는 것이다.

노인 장기요양보험제도

요양보호가 필요한 노인의 생활자립을 지원함으로써 가족의 부담을 줄여주고, 늘어나는 노인요양비와 의료비에 실질적인 도움을 주고자하는 제도이다. 이 제도는 혼자서는 활동이 어려워서 다른 사람의 도움을 받지 않고서는 생활하기 어려운 노인에게 신체활동 또는 가사 지원 등의 장기요양급여를 제공하는 사회보험제도이다.

시군구 읍/면/동 주민센터에서 신청할 수 있다. 치매 치료관리비를 지원하고 있으며, 약재비와 치매 환자 돌봄 용품을 무상으로 지원한다. 전체 치료비의 10%만 본인 부담이며, 경증 치매 환자도 노인장기요양보험제도의 혜택을 받을 수 있다.

주간/야간보호센터

요양원은 24시간 운영하기 때문에 주간 야간, 나누어 케어도 가능하다. 주간보호센터는 데이케어센터라고도 한다. 낮 동안 가족 대신 보호 서비스를 제공하는 기관을 말하는데 유치원처럼 오전에 주간보호소로 등원하고, 오후에 집으로 하원 한다. 그래서 '노치원'이라고도 한다.

단기보호시설

가정에서 가족의 보호를 받던 치매 환자가 가족의 보호를 받을 수 없어 일시적으로 보호가 필요한 노인과 장애 노인을 보호하는 시설이다. 3개월 이하의 단기간만 입원시켜 보호하고 필요한 각종 서비스를 제공하는 기관이다. 전국 258곳에서 운영하고 있으며 단기보호시설은 복지재단, 노인복지관, 주간보호센터, 노인복지센터가 있다.

방문요양 서비스

요양보호사가 직접 집으로 방문하여 식사 준비나 일상생활에 도움을 주는 서비스이다. 하루에 3시간 정도 서비스를 받을 수 있고 주로 취사, 청소, 부축, 병원 동행 등 몸이 불편한 부분을 케어하기 위해 방문하는 서비스이다. 추가로 자비를 들여서 3시간을 더 도움받을 수 있다.

노인 장기요양기관

보통 우리가 알고 있는 요양시설이 갖추어진 요양원, 의료시설이 갖추어진 요양병원, 요양센터, 노인복지센터, 재활요양병원, 노인병원 등 다양하게 운영되고 있다.

중앙치매센터에

전문교수, 간호사, 사회복지사, 임상심리사, 직업치료사 등 전문직원이 치매 예방과 조기발견 및 치료연구를 하고 있으며, 치매 관계자 관리 및 교육을 시행하고 치매 노인과 치매 관련된 인식개선을 위해 전국 시군구마다 치매안심센터를 운영하고 치매 예방에 노력하고 있다.

2. 치매 상담

'치매 상담 콜센터(1899-9988)'는 콜센터 전화번호에 숨은 뜻이 있다. '18세 기억을 99세까지 어떻게 팔팔하게(88) 기억하며 살자'라는 깊은 뜻이 있다.

그 외에 실종을 막는 예방인식표 발급과 지문등록 서비스가 제공되고 있다.

제가 이런저런 증상이 있는데 치매인가요?
우리 가족 중에 치매 환자가 있는데요~
궁금한 부분을 마음껏 물어보는 곳이다.
치매안심센터에서 치매 검사를 받을 수 있다.
치료는 병원에서!

3. 치매 어느 단계에 있나요? 등급 받고 혜택받으려면…

앞에서 언급한 모든 혜택을 받기 위해서는 장기요양등급을 받아야 혜택이 가능하다. 치매가 의심될 때는 주저 말고 1899-9988로 전화하자.

노인장기요양등급은 1등급~5등급으로 나뉘고 추가로 인지 지원등급이 있다. 등급에 따라 지원받는 금액이 다르며 혜택 역시 다르다. 국민건강보험공단을 통해 신청하면 등급판정위원회에서 신청서를 바탕으로 등급을 판정해준다.

치매예방과 3·3·3

1. 나도 치매 주인공이다

'치매는 어디가 아픈 병인가?' 생각해 보면, 뇌가 아픈 병이다. 치매는 나이를 먹으며 누구나 찾아올 수 있다. 차라리 맘 편히 나에게도 언젠가 올 수 있는 치매를 제대로 대비하자는 마음을 먹으면 어떨까? 평소에 뇌 훈련을 통해서 늘 뇌가 활성 될 수 있도록 가꾸는 것이다. 웃더라도 진심을 담아 집중하며 한바탕 크게 웃고, 미소보다는 웃음소리가 나는 한바탕 웃음이 더 좋다. 얼굴 찡그릴 만한 일이 있어도 미소 짓고, 화가 나지만 미소를 지으면 뇌는 좋은 호르몬 내보내라고 우리 몸에 신호를 보낸다.

평소에 보던 글자들을 일부러 거꾸로 읽어보자. 간단한 단어부터 시작해보는 것도 좋다. 익숙한 단어를 거꾸로 말해보는 것이다.

'휴대폰-폰대휴', '자동차-차동자', '의자-자의', '숟가락-락가숟', '사랑해-해랑사' 등등, 대중교통을 이용하며 보이는 글자를 거꾸로 읽는 훈련을 꾸준히 해보면 좋다(소리 내 읽어보세요).

인지하지 않는 뇌
인지하고 **자극 받는 뇌**

캠릿브지 대학의 연결구과에 따르면
한 단어 안에서 글자가 어떤 순서로
배되열어 있는가 하것는은 중하요지 않고,
첫쩨번와 마지막 글자가 올바른 위치에
있것는이 중요하다고 한다,
나머지 글자들은 완전히 엉징망창의 순서로
되어 있올라지도
당신은 아무 문없제이 이것을 읽을 수 있다.

2. 뇌를 자극하는 모든 활동은 치매 예방에 도움이 된다

치매 예방 강의를 하면서 수강생들에게 늘 얘기하는 것이 하나 있다. '뇌를 자극하는 모든 것은 치매 예방에 도움이 된다'는 말이다. 다시 이야기하자면 무엇을 보고 듣고 생각하는 작업이 뇌를 자극하여 뇌의 각 기관을 활성화하게 된다는 의미이다. 즉, 무엇을 하더라도 인지하고 행동하면 신체 부위들이 조금 더 오래 기억해낼 수 있다는 것이다. 이 왕이면 긍정적으로 보려고 하고 좋은 쪽으로 이야기하면서 나의 뇌를 치매로부터 보호해 나가는 것 역시 치매를 이기는 하나의 방법이 된다.

뇌를 자극하는 말과 행동이 이왕이면 긍정적이었으면 좋겠다. 힘겹다고, 어렵다고, 못 살겠다고, 밉다고 이야기하고 행동하기보다는 따뜻한 말 다정한 말, 친절한 말로 미소 지으며 긍정을 베풀려는 생각과 말이 앞섰으면 한다. 이 부분이 왜 얼마나 중요한지 한 번 더 강조한다.

뇌는 긍정의 말을 들을 때 활동을 더 원활히 하며, 즉 욕이나 거칠고 부정적인 말을 많이 하면 뇌가 제대로 활성화하지 못한다. 평상시에 어떤 말을 많이 사용하는가? 말은 그 사람의 품격이며, 인격이다. 좋은 단어를 사용한 어휘력을 보면 예쁜 마음의 표정 같기도 하다. 치매에 걸리면 자신도 모르는 말이 툭툭 튀어나오고, 가족들은 기억 못 하는 사건을 환자 혼자 가슴앓이했던 그 시절에 한시적으로 머물면서 그때 하지 못했던 말을 비롯해 평상시에 늘 사용하던 말버릇이 나올 수밖에 없다.

치매에 걸린 두 분 할머님의 말솜씨를 비교해 보면, 한 분은 평소에 감사하다는 말씀을 입버릇처럼 하셨고, 다른 한 분은 늘 부정적으로 말씀하셨다. 식사를 드려도 한 분은 '안 먹는다'면서 요양사의 진을 빼놓지만, 한 분은 주는 대로 드시면서 '잘 먹었다'고 이야기하신다.

요양원 선생님께서 투덜거리면서 드시는 어르신은 힘이 빠져서 피하고 싶다고 한다. 그러나 잘 드시고 고맙다고 잘 먹었노라 말씀하시는 어르신은 언제든지 와서 도와주고 싶다고 심경을 이야기한 적이 있다. 저의 할머님께서도 후자에 해당한다며 나를 안심시켰다.

3. 치매 예방을 위한 3권 / 3금 / 3행 실천하자!

3권은 치매에 좋은 세 가지를 권하는 것

독서: 독서를 할 때는 소리 내어 읽는 것을 권한다.

음식: 견과류와 같은 치매에 좋은 음식을 섭취한다.

운동: 식후에는 걷는 것을 권한다. 이왕이면 양말과 신발을 벗고 맨발로 흙을 밟아 온몸으로 흙의 느낌을 느끼실 수 있으시면 더 좋다.

3금은 세 가지를 금하는 것

절주: 금주가 아닌 절주이고

금연: 담배는 아예 금한다.

뇌 손상: 머리를 다치지 않게 조심한다.

3행은 세 가지를 행동으로 옮기는 것

건강검진: 수시로 혈압, 혈당, 콜레스테롤 정기 검진을 받는다.

치매 조기발견: 매년 보건소에서 치매 조기검진을 받는다.

소통: 외롭지 않게 가족과 친구를 자주 만난다.

늘 하던 일상들을 오른손과 왼손으로 바꾸어 해보면 뇌 자극이 확실히 될 것이다. 많이 해보지 않아 어색하지만, 그 어색함이 뇌 자극을 일으켜 새롭게 두뇌 활동이 이루어져 기억하고 배우는 습관으로 치매를 예방할 수 있다.

아울러 '나를 잘 아는 것만큼 치매를 이기는 힘은 없다'고 생각한다. 의도적인 뇌 자극 훈련으로 뇌 기능을 강화하는 시도를 계속해야 한다.

[참고문헌]

* 〈치매와 관련된 뇌의 구조와 기능〉

* 〈치매 예방의 이론과 실제〉

* 〈인지증(치매) 예방 전문교육〉

제9장

액티브하게
치매를 예방하는
삶

김미성

- 한국시니어플래너지도사협회 강사
- 한국치매예방협회 치매 예방 강사
- 복지관 치매 예방 강사
- 인지 미술, 인지 음악 강사
- 레크리에이션 인지프로그램 강사

치매 환자 가족의
행복 찾기

이제는 치매라는 질병을 모르는 분들은 없을 것이다. 아니 오히려, 치매의 심각성과 예방의 중요성을 깨닫고 '치매 예방을 위해 어떻게 해야 할까'에 대한 관심이 증가하고, 이에 관련한 전문자격증과 사업이 활성화되고 있다.

본인 또한 '실버인지놀이지도자'라는 자격증을 취득하고, 어르신들을 위한 프로그램을 진행하고, 또 그런 프로그램을 운영할 강사분들을 양성하는 활동을 하면서, 더더욱 중요성을 깨닫게 되었다.

치매 환자에 대한 프로그램과 지원이 많아지면서, 예전보다는 조금 더 부담이 줄어든 현재에, 과연 치매 환자의 보호자인 가족분들에 대한 지원은 무엇이 있는지와 지원이 왜 필요한지 생각을 풀어보려 한다.

1. 본인만의 고통? 가족들의 고통은 더욱 크다

참 부끄럽게도, 가족들의 고통을 알고는 있지만, 정작 나 자신은 가족으로서의 고통을 함께하지 못한 점이 지금도 마음속에 짐으로 남아있다.

바로 외할머니의 이야기다. 나의 외할머니는 막내 외삼촌과 함께 평생을 함께하셨다. 외삼촌이 장가를 가고 부산에서 신혼살림을 차릴 때도 함께 사시며, 일생을 외삼촌의 보살핌을 받으셨다. 그러다 치매에 걸리셨고, 요양원에서 생활하시다 돌아가실 때까지, 나는 강릉에서 산다는 이유로, 외할머님을 뵈러 가지 못했다. 그때는 나와 어머니가 치열하게 살아야 했고, 자영업을 하면서 문을 닫고 강릉에서 부산으로 가기가 쉽지 않았다. 더군다나 어머니가 몸이 안 좋으신 상황에서 가기란 더더욱 힘든 일이었다.

내가 부산에 갈 수 있었던 때는, 외할머니의 부고 소식을 듣고서였다. 그렇게 마무리되고, 외삼촌의 댁에서 이런저런 이야기를 하다가 잠을 자려 했을 때, 우연히 눈에 들어온 요양원의 서류를 보곤 마음이 너무 아팠다. 그것은 바로 밀린 요양원의 비용을 얼마간에 나눠 내겠다는 일종의 차용증이었다.

'외삼촌, 아니 외삼촌과 가족인 외숙모와 사촌 동생들까지 모두 힘들었겠다.'

그러나 내가 해드릴 수 있는 것은 아무것도 없었다. 그때는 내가 너무 어렸고, 어머니와 함께 살아가기에도 빠듯했던 시절이었다. 현실적인 도움을 드리기엔 숨이 턱 막혀 버릴듯한 상황에, 그냥 위로의 말씀을 드릴 수밖에 없었다.

치매 환자를 보호해야 할 환자가 건강이 악화하여 안타까움을 자아내는 사례도 적지 않다. 어느 날 방송을 보며 눈물을 펑펑 쏟은 적이 있는데, 가족이라고는 손자와 할머니 둘뿐인 가정에, 할머니는 치매에 걸리고, 손자는 뇌종양에 걸린 사연을 보게 됐다. 뮤지컬배우라는 멋진 꿈을 꾸던 청년은 그 꿈을 포기할 수밖에 없었고, 점점 기력이 떨어져, 할머니를 보살피기에도 힘들어 보였다. 그래도 두 분이 행복하게 보내는 모습이 참 보기 좋았고, 기적처럼 나아지기를 바라고 응원하는 사람들이 많았다.

그러나, 그런 응원에도 최근 할머니는 돌아가시고, 손자는 뇌종양이 재발해 재수술을 받게 되었다. 이후 발음교정과 같은 재활치료를 받는 근황을 보면서, 치매는 환자 본인과 가족에게 엄청난 고통을 주는 무서운 병임을 다시 한번 깨닫게 됐다.

10년 동안 치매 걸린 아내 살해한 남편 긴급 체포

병원서 첫 살인사건 선고…'아내 살해' 치매환자, 2심서 집행유예
법원 "범죄 당시 심신미약 상태였고 이후 상태는 더욱 심각해져"
"지속적인 치료를 받게 하는 것이 인간에 대한 존엄 가치 지키는 것"

70대 부부 자택서 숨진 채 발견…아내는 5년간 치매 앓아

이런 기사를 읽을 때마다 정말 마음이 아프고, 남의 일 같지 않게 와 닿는다.

사건 당사자분들의 마음을 다 알 수 없지만, 얼마나 힘들었으면 이런 비극적인 일이 자꾸 발생할까? 라는 생각을 하게 된다.

옛말에 '긴병에 효자 없다'라는 말이 있듯이, 처음 발병 사실을 알고 많은 혼란이 있었겠지만, 그래도 가족이라는 이름으로 얼마나 정성을 다해 간호하셨을까?

그런데도, 가족이라는 이름으로도 감당할 수 없는 고통이 숨통을 조여오는 느낌을 받았을 때, 얼마나 많은 좌절을 느꼈을까?

저런 비극적인 결정을 하고 실행을 할 때, 지금까지 겪은 고통보다 얼마나 더 많은 고통과 두려움이 있었을까 하는 생각에, 너무나 가슴이 아팠다. 이런 일이 일어나지 않도록 정부에서는 어떤 지원을 하고 있을까?

그래서 이번 장에서는 문재인 정부에 들어서 발표한 '치매국가책임제'가 과연 가족들을 위해 어떤 정책을 내놓고, '광역치매센터'에서는 어떤 도움을 받을 수 있는지 확인해보려고 한다.

2. 국가에서 시행하고 있는 치매 환자 가족 지원 시스템

치매 가족의 행복 찾기

가족상담

치매환자 가족 상담을 통해 환자가족의 돌봄 부담 요인을 파악하고 부담경감에 적절한 서비스를 연계해 드립니다.

가족교실

체계적이고 구체적인 커리큘럼을 통해 치매환자 가족의 치매와 돌봄에 대한 이해를 높이고 돌봄 역량을 향상시킵니다.

자조모임

치매환자 가족간 정서 및 정보 교류를 통해 심리적 부담 경감과 사회적 고립을 방지할 수 있도록 정기적 모임을 지원해 드립니다.

가족카페

치매환자와 가족이 편안하게 방문하여 휴식을 취하고, 가족과 교류할 수 있는 장소를 제공해 드립니다.

동반치매환자 보호서비스

치매환자 가족이 가족교실에 참여하는 동안 동반 치매환자를 센터 내 보호 함으로써 가족교실 참여를 지원해 드립니다.

지역의 치매 센터에서 운영되고 있는 가족 지원 시스템

출처: 금천구치매안심센터 홈페이지

크게 다섯 가지로 나뉘어 있는데, 가족 상담, 가족교실, 자조 모임, 가족 카페, 동반 치매 환자 보호 서비스로 진행되고 있는 것을 볼 수 있다.

가족 상담은 말 그대로 가족들의 애환을 듣고, 심리안정을 취할 수 있도록 도와주며, 그분들이 필요로 하는 서비스를 연계해 주는 서비스이다.

가족 교실은 치매에 대한 개념, 치매 환자를 돌볼 때 유의사항 등을 체계적으로 교육받아 치매 환자와 가족분들 모두 좀 더 수월하게 생활할 수 있도록 도움을 주는 서비스이다.

자조 모임은 치매 환자의 가족끼리 모임을 하며 교류를 통해 심리적 부담과 사회적 고립을 방지할 수 있도록 한 서비스이다.

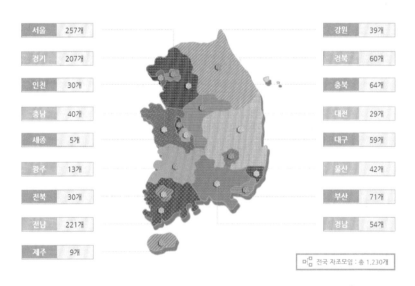

서울	257개
경기	207개
인천	30개
충남	40개
세종	5개
광주	13개
전북	30개
전남	221개
제주	9개

강원	39개
경북	60개
충북	64개
대전	29개
대구	59개
울산	42개
부산	71개
경남	54개

전국 자조모임 : 총 1,230개

출처: 중앙치매 센터 홈페이지

가족 카페는 자조 모임과 연계된 서비스라 볼 수 있고, 동반 치매 환자 보호 서비스는 가족 교실에 참여시 동반한 치매 환자를 센터에서 보호해 주는 서비스라 할 수 있다.

출처: 금천치매안심센터 홈페이지

또, 홈페이지 안에서는 '마음 수첩'을 운영하고 있는데, 실제 심리상담을 받으러 가기 힘든 보호자 분들을 위해, 사이버상에서 심리상담을 받을 수 있는 좋은 제도이다.

이처럼 치매 환자의 가족들을 위한 정부 지원이 늘어나며, 막막하고 답답했던 삶이 조금은 변할 수 있을 것이다. 실제로 이런 가족 카페와 자조 모임을 이용해 많은 정보를 얻을 수 있고, 치매 환자를 이해하고, 삶의 질이 올라 만족한다는 보호자 분들의 이야기를 들으며 치매 환자뿐만이 아니라 보호자의 삶에 집중한 정부 사업도 꼭 필요한 부분이라 생각이 든다.

그중에 또 하나의 지원제도가 바로 치매 가족 휴가제이다. 치매 어르신을 돌보는 가족에게 휴식을 주는 서비스로 연간 6일까지 이용할 수 있는 제도이다. 치매 어르신이 연간 6일까지 단기 보호시설 또는 종일 방문요양을 이용하시도록 지원하여 간호로 인해 지친 가족에게 휴식을 제공한다.

단기 보호시설에 입원하거나, 방문요양 서비스를 제도에 맞춰 활용할 수 있는 제도로, 간호 생활에 지쳐있는 가족들을 위로하는 활력소가 되는 좋은 제도 중 하나이다.

이렇게 많은 치매 환자 가족 지원제도를 보면서, 정말 치매가 우리 사회에 중요한 질병으로 인식되고 있음을 다시 한 번 깨닫지 않을 수 없다.

이런 제도를 알고, 나뿐만 아니라 필요한 사람들에게 알릴 수 있는 역할 또한 시니어 플래너의 몫이라 생각한다. 그러기 위해 시니어와 관련된 다방면의 정보에 관심을 가지고, 귀를 기울여야 할 것이다.

출처: 국민건강보험 홈페이지

예술이 있는
치매 예방의 세계

치매 예방에 대한 자격증이 있음을 알게 되고, 많은 궁금증을 가지고 자격증 협회의 문을 두드렸던 기억이 아직 생생하다. 그때는 아직 자격증이 제대로 활성화되지 않아 사람이 적었고 10명 정도의 수강생이 기대감과 걱정을 동시에 품고 함께 시작했다. 하지만 무엇인가를 배운다는 열기는 뜨거웠고 그때의 열기를 생각하면 지금도 가슴 뜨거워지는 순간이다.

아직도 무언가를 배울 때의 설렘을 느낄 수 있고 간직할 수 있음에 감사하고 있다.

치매에 관한 이론부터 시작하여, 미술, 음악, 체조, 보드게임을 배웠는데, 배울 당시에 배우는 수강생들이 시간 가는 줄 모르고 신나게 배웠고 한 해 웃을 것을 그때 다 웃었을 정도로 웃으며 수강했다.

한 가지 아쉬움이라면 '진작 알았더라면, 내가 외할머니의 치매 투병에 도움이 될 수 있지 않았을까?'라는 생각과 함께 외할머니의 생각이 끊임없이 났다는 것, 아마도 '치매'라는 단어를 본 순간 외할머니가 떠올라 자석에 끌리듯 이끌려 치매 예방 강사 생활에 입문했는지도 모르겠다.

배우면서 느낀 또 하나는, 예술 활동을 통해 치매 예방이 가능하다는 것이다. 훗날 내가 활동하며 알았지만, 이미 치매에 걸린 분도 꾸준한 활동을 통해 치매의 정도가 완화될 수 있다는 점도 깨달았다. 의학적으로 치매의 증상이 나았다고 확신할 수는 없지만, 적어도 그 시간을 통해 어르신들의 과거 기억을 회상하고, 그 시절로 돌아가 이야기를 해 보고, 젊은 시절 좋아했던 음악을 듣고 부르며 마음이 치유됐음은 확실하리라.

치매 예방 프로그램을 운영하며, 창작이라는 고통도 있었지만, 어르신들과 소통하고 땀 흘리고 웃으며 얻는 보람은 그 정도 고통쯤은 잊기에 충분했다.

어르신들과 친해지고 가벼운 농담도 하고, 서로 챙겨주며 얻는 그 행복감은 직접 해 보지 않으면 느낄 수 없는 감정이고, 그것은 오히려 나를 치유해 주고 있었다. 그래서 이 일을 사랑하고, 할 수 있음에 감사한다.

어느 날 요양원에서 프로그램을 진행하고 나왔을 때, 요양보호사님이 "선생님" 하고 부르셔서 혹시 내가 실수했나? 하는 불안한 마음으로 뒤돌아봤더니

"선생님, 선생님은 이 직업이 적성인 것 같아요, 어르신들 대할 때 진심이 느껴져요, 끝까지 이 일 하세요."라고 말씀해 주시는데, 눈물을 쏟을 뻔했다.

그리곤 속으로 생각을 했다. '이 일 안 했으면 어쩔 뻔했니?'

그래서 치매 예방 강사로 활동하며 어떻게 프로그램을 진행했는지 이야기를 해 보려고 한다.

1. 그리고, 접고, 오리고, 붙이고 미술의 세계

치매 예방의 기본 프로그램이 바로 미술프로그램이다. 사실 학창시절 미술을 그리 좋아하지 않았기에 처음에 미술수업을 한다고 했을 때, 그리 와 닿지 않았다. 그러나 내가 교육을 받고, 어르신들과 하면서 생각이 바뀌게 됐다.

처음에는 색연필을, 딱풀을 어떻게 사용하는지 모르고 귀찮아하셨던 어르신들이 나중에는 작품을 만들 때 어울리는 색종이를 고르고, 더 이쁘게 만들고 싶어 하고 다양한 색상으로 색칠해 완성하고 뿌듯해하셨다. 또 자신의 작품을 자랑하며 그 작품을 가지고 가시는 모습을 보면서 이런 감정들이 모여 긍정적인 효과를 내는 거라 믿게 됐다.

나비 접기와 장구 만들기는 한마디로 히트 쳤던 미술프로그램 중 하나다. 단순히 만들기로 끝나는 것이 아니라, 나비를 접어 반지처럼 손에 끼고 음악에 맞춰 율동을 하니 어르신들이 정말 나비가 된 듯이 기뻐하고 입가에 미소가 끊이지 않으셨다.

장구 만들기는 어려운 부분도 있었지만, 어르신들이 잘 따라와 주셨

나비 접기와 장구 만들기

고, 만들어서 요양원에 선물로 드린다고 하니, 언제 그런 좋은 일을 해

보겠냐며 특히 좋아하셨고, 만든 후 그래도 본인들이 만들었는데, 한

번 연주해보고 싶다 하셔서 즉흥적으로 사진처럼 장구 연주도 하는 시
간을 가지게 됐다.

놀랐던 것은 장구를 제대로 배운 어르신이 계셨는데, 평소 말씀도 없
고 조용하셨던 분이 너무나 숙련된 솜씨를 보이시며, 노래를 부르며 웃
는 모습을 보이셨다는 점이다.
가끔 그 동영상을 보며 다짐을 한다. '계속 이분들에게 이런 웃음을,
즐거움을 드렸으면 좋겠다'라고….

2. 없던 흥도 끌어내는 음악의 힘

어르신들이 좋아하는 시간 중 하나가 바로 음악수업이다.
처음 자격증을 따러 갔을 때, 봤던 하나의 영상에서 받은 충격은 지
금도 잊히지 않는다. 어느 치매에 대한 다큐멘터리였는데, 한 어르신에
게 이름, 나이, 가족관계 등을 물었지만, 어르신은 하나도 대답을 하지
못했다. 하지만 어르신에게 헤드셋을 끼워드리고, 음악을 들려드리자
그 순간 놀라운 일이 일어났다. 그 음악을 들었던 그 시절로 돌아가,
그 당시 있었던 일들을 마치 오늘 있었던 일처럼 너무나 생생하게 말씀
을 하시는 것이 아닌가? 역시 음악의 힘은 대단했다.

그래서 그것을 접목을 시켜 '컵타'라는 것을 배웠고, 어르신들이 좋아하는 음악을 선정하여 컵타 동작을 만들어 활동하기 시작했다. 컵을 나눠드리며 '소주 한잔 해야 하는디~'라는 농담과 함께 유쾌하게 시작했다.

그러나 내가 쉬운 동작이라 생각했던 동작도 어르신들이 어려워하시기에, 어떻게 하면 어르신들이 쉽게 할 수 있을까 고민하다가 원곡과 신나는 버전의 노래 두 곡을 가져가고 처음에는 원곡으로 조금 천천히 동작을 연습했다. 그런 후 동작이 몸에 익었을 때, 빠른 버전의 음악으로 조금 더 빠르게 동작을 했더니 수월하게 잘 따라오셨다.

어르신들과 합을 맞춰 함께 한 곡을 완성했을 때의 뿌듯함은 말로 표현할 수 없는 짜릿함이었다. 그리고 절대로 어르신이 못 할 것이라는 편견을 가져서는 안 된다는 것 또한 배우게 됐다.

요양원에 핸드벨을 가져가서 합주를 시도한 적이 있다. 두 팀으로 나눠 내 신호에 맞춰 종소리를 내는 것이었는데, 처음에는 잘 맞지 않던 동작들이 음악을 여러 번 듣고 신호와 규칙을 반복해서 알려드리니 화려한 합주는 아니었지만, 어느 순간 멋진 합주가 완성됐다.

어르신들의 표정에는 내가 해냈다는 설렘과 뿌듯함, 감동이 고스란히 나타났다.

음악을 생각하면 '가' 어르신이 생각난다. 치매 중에도 이쁜 치매와 나쁜 치매가 있는데, 폭력성과 폭언 증상이 나타나는 나쁜 치매에 시달리던 어르신이었다. 항상 프로그램 시간마다 '가'를 외치고, 요양보호사도 맞기 일쑤였는데, 그분이 조용한 순간이 바로 음악 시간이었다.

언제부턴가 음악 시간에 나와 참여를 하시더니, 본인이 좋아하는 음악이 나오니 박수를 치고, 언젠가부터는 노래를 같이 부르기 시작하셨다.

그때 요양원 관계자분들도 놀라고, 프로그램 진행하는 선생님들도 놀라고, 선생님들의 어깨가 으쓱했던 순간이었다.

3. 승리욕의 끝판왕 보드게임

내가 처음 자격증을 따러 갔을 때, 제일 관심 있게 봤던 것이 바로 보드게임이었다.

보드게임은 아이들만 하는 것인 줄 알았는데, 어르신들 치매 예방 프로그램으로도 가능하다는 얘기를 듣고, 또 내가 직접 체험을 해 보면서 보드게임을 잘만 활용하면 어르신들이 즐기는 가운데 치매를 예방할 수 있겠다는 생각을 했다.

그 결과는 대성공이었다. 보드게임 중 어르신들이 좋아할 만한 보드게임을 선정해서 가져가거나, 내가 직접 만들어서 가져갔다.

기본적인 컵 쌓기도 조를 만들어 제일 빨리 완성하는 팀에게 선물을

노인정에서 게임을 즐기고 있는 어르신들

주거나, 제일 나중에 완성한 팀에게 벌칙을 주니, 어르신들의 승리욕이 발동됐다. 어떻게든 이기려고 집중하는 시간이 길어졌고, 나중에는 완성된 그림을 먼저 보여주고 가린 뒤 한참 있다가 기억해서 쌓기를 했을 때도 거침없이 해내는 초인적인 능력을 보여주셨다.

그리고 그림을 보여주고 똑같은 손가락 위치에 똑같은 색상의 끈을 넣는 게임도 종을 가운데 놓으니 서로 종을 치려고 경쟁을 하셨고, 서로 손이 겹쳐 웃음바다가 되기도 했다. 또 제대로 끈을 끼우지 않고도 종을 치려는 조급함도 보이셨다.

그러나 이런 집중력과 승리욕을 갖게 하려면 처음에 공을 들여야 했다. 어르신들은 내 생각과 같이 보드게임을 아이들의 놀이로만 생각하셨기에 그 편견을 깰 수 있는 것이 필요했다.

그래서 생각한 것이 자격증 취득과정에서 배웠던 화투를 이용한 덧셈, 뺄셈과 제시한 그림과 똑같이 배열하기였다. 그러면서 화투도 보드게임의 일종이라고 말씀을 드렸더니, 그 후에는 보드게임을 가져가도 자연스럽게 집중을 하고, 즐길 수 있게 됐다.

4. 액티브한 치매 예방, 실버 체조

치매 예방하는데 손을 많이 움직이면 좋다는 것은 이미 많이 알려진 사실이다. 그래서 미술이나 도구를 이용한 음악수업, 보드게임 등을 하는 것도 있지만, 이것도 근본적인 체력이 있어야지만 가능한 활동이다.

기본적으로 신체가 건강해야 움직이거나 무언가를 배우고 싶은 생각이 들지 않겠는가. 그래서 요즘 많이 하는 것이 바로 '실버 체조'이다.

너무 심한 활동이 아닌 어르신들의 체력에 맞춘 율동과 체조를 통하여 떨어져 있던 체력을 기를 수 있도록 도와드리는 것이다.

일단 우리가 운동하기에 앞서 스트레칭을 하듯이, 건강 박수를 치면서 몸이 체온을 올리고 굳어있던 몸을 풀어준다. 그런데 그냥 건강 박수를 치면 어르신들이 조금 지루해하는 모습을 보이시기에 고민하다가 음악에 맞춰 박수를 쳐보니, 즐거워하시는 모습을 보고 박수를 치던 하체 운동이든 음악을 접목해서 프로그램을 진행하기 시작했다.

특히 각 장소의 특성을 잘 활용해야 하는데, 어느 경로당이나 요양원은 잔잔한 음악에 천천히 활동하는 것을 좋아하시고 어느 경로당이나 요양원은 빠른 음악에 신나는 율동을 좋아하시는 그런 특성들이 있기에, 그것을 잘 파악하면 어르신들과 강사의 만족도가 높을 것이다.

한 시간 내내 움직일 수는 없기에 중간중간 어르신들과 할 수 있는 간단한 오락 게임을 진행하면서 몸의 휴식도 취하는 것이 중요하다. 이때 오락은 몸을 심하게 움직이는 것이 아닌 끝말잇기나 369게임 등 예능프로에서 하는 게임들을 눈여겨봤다가 접목한다.

지금까지 요즘 암보다도 무서워한다는 치매에 대한 정책 중에서도 치매 환자 가족을 위한 정책과, 시니어 플래너 직군 중 치매 예방 강사의 활동 분야를 본인의 경험을 토대로 이야기해보았다.

요즘 인생 좌우명이 생겼다. 바로 '누군가에게 물을 주는 사람이 되자'이다. 이 이야기는 가수 양준일 씨가 했던 이야기에서 감동하여 뇌리에 박힌 말인데, 그는 인터뷰 중에 "나는 이미 시든 꽃인데, 누군가가 옆에서 물을 주고 가꿔줘서 다시 살아나고 있어요"라고 말했다.

누군가에게 물을 주고 누군가를 가꿔주는 직업이 얼마나 멋진 것일까, 그리고 지금 나는 그런 직업을 갖고 있다 자부한다.

이 책을 읽는 분들도 시니어 플래너라는 멋진 직업에 도전하여 멋진
인생의 2막을 열 수 있기를 기원한다.

제10장

시니어의
최대 두려움
'치매'

- 치매, 간병 그리고 치매 파트너 -

이재수

- 서울시립대학교 법학과 졸업
- 세계사이버대학 사회복지학과 졸업
- 사회복지사
- 요양보호사
- 보육교사
- 공인중개사
- 안심창업관리사
- 시니어 플래너지도사
- 치매파트너
- (前) 향남읍주민자치위원
- (前) 향남시민연대 창립준비위원장
- (前) 재단법인 원광한의원 총괄본부장
- (現) 주식회사 휴먼플러스 대표이사
- (現) (A)비지팅엔젤스 군포재가방문요양센터 센터장
- (現) 창업경영신문 산본역상권지사 지사장
- (現) 화성크리스토퍼 기수 회장
- (現) 군포시 주민참여예산위원회 위원

행복한 노후와
치매의 정의

행복한 노후란

'행복한 노후란 어떤 모습일까?'라는 질문에 나는 이렇게 상상해 본다.

아내와 함께 지금까지 살고 있는 소중한 보금자리인 내 집에서 햇살 좋은 휴일 오후에 차 한 잔 마시며 소소한 애깃거리로 대화를 나누는 것.

손주들이 재롱 피우는 것을 아내와 함께 미소 지으며 바라보는 것.

아이와 손주들과 함께 가끔 가족식사를 여유롭게 즐기는 것.

1년에 3~4번 정도 가족여행이나 부부끼리 여행을 떠나는 것.

다른 사람의 도움 없이 혼자서 식사를 하고 혼자서 화장실을 가고 혼자서 일상생활을 할 수 있는 것.

그리고 지난 일들을 기억하고 회상하며 남은 삶을 더 열심히 사는 것 등이다.

요양병원이나 재활병원, 노인전문병원에서 공동 간병, 개인 간병 등 간병 용역회사를 관리, 운영하면서 그리고 재가방문요양센터에서 어르신들을 모시면서 느꼈던 나의 행복한 노후생활의 모습이다.

돈이 많거나 권력이 있거나 명예가 있는 것보다는 혼자서 일상생활을 영위하는 것, 과거를 기억하고 회상할 수 있는 것, 난 그런 평범한 노후생활을 아내와 함께 하는 것을 상상한다.

치매의 정의

치매가 어떤 병인가에 대해서는 중앙치매센터(www.nid.or.kr) 홈페이지의 사전적 정의를 소개한다.

"치매는 정상적으로 생활해오던 사람에게 후천적으로 다양한 원인으로 인해, 기억력을 비롯한 여러 가지 인지 기능의 장애가 나타나, 일상생활을 혼자 하기 어려울 정도로 심한 영향을 주는 상태를 말한다. 치매는 어떤 하나의 질병명이 아니라, 특정한 조건에서 여러 증상이 함께 나타나는 증상들의 묶음이다. 이러한 치매 상태를 유발할 수 있는 질환 중 가장 대표적인 것이 알츠하이머병과 혈관성 치매이며, 그 외 루이체 치매, 전·측두엽 치매 등이 있다.

치매의 대표적인 초기증상은 기억력 장애이다. 누구나 나이가 들면서 젊었을 때 비해 기억력이 저하되기 마련이지만, 치매에서의 기억력

저하는 이러한 정상적인 변화와는 다르다. 치매는 나이가 들어서 생기는 자연스러운 결과가 아니다. 나이가 들면서 생기는 기억력 저하는 대개 사소한 일들에 국한되어 있으며, 개인의 일상생활을 심각하게 저해하지 않는다. 기억력의 저하가 가장 흔한 첫 증상이긴 하나, 언어, 판단력의 변화나 성격의 변화가 먼저 나타날 수도 있다."

치매란, 중앙치매센터의 치매의 정의와 같이 후천적인 원인으로 일상생활을 영위하지 못하는 상태이며 초기증상으로는 기억력 장애가 대표적이다.

지금까지 살아온 내 삶의 기억들이 점점 사라져 나를 잊어가는 질병, 치매!

청소년 시절의 기억에 머물러 어릴 때 다니던 학교 이름과 어릴 때 같이 놀던 일본 아이의 이름을 반복적으로 같은 말만 하는 어르신이 있는가 하면, 일상생활이 어려워 자녀 집으로 거처를 옮겨와 사는 어르신이 아침에 밖에 나가 길을 잃고 집을 못 찾아 헤매어 자녀의 가슴을 철렁하게 한 배회성 치매인 어르신도 있다.

아들이나 딸이 집에 찾아와 "엄마 나 누구야?"라고 물어봐도 아들을 알아보지 못하고 딸을 알아보지 못하시는 어르신도 있고, 추운 겨울인데도 여름옷을 입거나 무더운 여름 날씨에 두꺼운 옷을 입는 등 계절에 따른 옷 입기를 잘하지 못하는 어르신들 역시 치매의 증상으로 나타나는 모습들이다.

또한, 부적절한 행동이나 폭력적인 행동, 감정의 변화가 심한 행동 등 치매의 증상은 어르신의 일상생활을 피폐하게 하고 가족의 생활 또한 힘들게 한다.

평범하게 노후의 삶을 영위하는 것이 얼마나 소중한 것인지, 삼시 세끼 식사를 혼자서 스스로 해결할 수 있다는 것이 얼마나 중요한 것인지, 누구의 도움 없이 혼자서 스스로 움직이고 혼자서 스스로 생각하고 혼자서 스스로 일상생활을 할 수 있다는 것이 평범하지만 얼마나 위대한 것인지를 생각하게 한다.

뇌의 구조와 주요 인지 기능

우리 뇌는 생각, 판단, 운동, 감각 등을 담당하는 매우 중요한 기관이다. 무게는 1,300g, 약 1,000억 개의 신경세포가 밀집된 신경 덩어리이다.

능력	⋯▶	해당 뇌의 부분
주의력(집중력)	⋯▶	전두엽, 두정엽 등
기억력	⋯▶	측두엽, 전두엽 등
언어능력	⋯▶	측두엽 등
시공간 구성능력	⋯▶	두정엽 등
실행 기능	⋯▶	전두엽 등

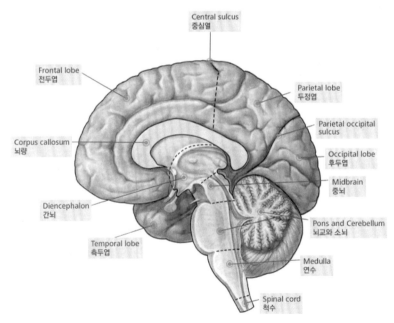

뇌의 구조와 명칭

출처: 중앙치매센터 홈페이지

치매란 이름?

치매에 대해 과거 문헌을 찾아보면 고대 그리스의 철학자이며, 수학자인 피타고라스는 이렇게 말했다고 한다.

"세월이 흘러 인생의 후반기에 이르기까지는 오직 일부의 사람만이 생존하며 이 단계에 이르면 갓난아이와 같이 약해진다."

치매는 어떤 병일까?

치매는 정상적으로 생활해오던 사람에게 후천적으로 다양한 원인으로 인해 기억력을 비롯한 여러 가지 인지 기능의 장애가 나타나, 일상생활을 혼자 하기 어려울 정도로 심한 영향을 주는 상태를 말한다.

치매는 영어로 Dementia라고 한다. 라틴어에서 유래되었으며 박탈, 상실을 일컫는 접두어 De와 정신을 말하는 ment와 상태를 뜻하는 ia의 합성어로 보면 된다. '정신이 상실된, 박탈된 상태'를 말하며 정신이 부재한 상태라고 말할 수 있을 듯하다.

치매와 구별되는 증상 – 건망증, 정상노화, 경도인지장애, 섬망 증상

치매와 구별되는 것으로 건망증, 정상노화, 경도인지장애, 섬망 증상 등이 있다.

첫 번째, 건망증은 사건이나 경험의 내용 중 일부분을 잘 기억하지 못하는 증상으로 보면 된다. 예를 들어, 치매 환자의 경우 점심을 먹고 난 이후에도 식사했는지 기억을 못 해 다시 배고프다고 밥을 달라고 하는 증상을 보이는 데 반해, 건망증은 식사는 했는데 반찬이 어떤 것이었는지 생각이 잘 안 나는 경우, 이때는 힌트를 주면 어떤 반찬인지 기억해내는 정도이다.

두 번째, 정상노화는 물건을 둔 곳(열쇠, 핸드폰, 지갑 등), 사람 이름, 문단속 여부, 약속 시각 등 일상생활의 사소한 일이나 일상적인 경우를 잊어버리는 것인데 비해 치매는 통째로 잊어버리는 것으로 구별하면 된다.

세 번째, 경도인지장애로 말 그대로 가벼운 인지장애를 의미한다.

경도인지장애는 기억력 저하는 있으나 인지 기능은 정상인 상태로 일상생활능력에는 지장이 없는 단계이다. 우리나라에서는 2015년 기준으로 65세 이상 노인의 28%인 185만 명이 경도인지장애인 것으로 파악하고 있고 경도인지장애가 심해지면 치매에 이를 수도 있다고 보고 있다.

네 번째로는 섬망 증상으로, 섬망이란 대사장애(감염, 열병, 저산소증, 약물중독 등)나 중추신경계 이상(뇌종양, 뇌졸중, 뇌 손상 등)의 원인으로 갑자기 의식상태가 저하되어 발생하는 것으로 안절부절못하고 잠을 자지 않으며 환각이나 엉뚱한 말을 하는 등 과도한 활동을 보이는 상태를 말하나 원인을 찾아 치료하면 원상태로 회복될 가능성이 큰 증상이다.

치매와 구별하는 몇 가지 증상들은 일반인들이 구별한다는 것은 무리가 있고 상기 증상이 있는 경우 전문가의 정확한 진단 등을 통해 환자의 상태를 조기에 파악함으로써 병의 진행을 늦추거나 관리할 수 있다.

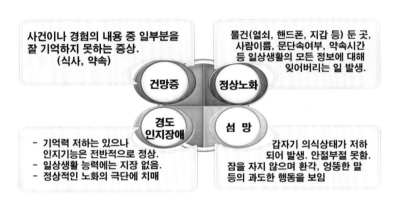

치매와 구별되는 증상

치매의 일반적인 증상과 발병원인

치매의 일반적인 증상

치매로 의심되는 일반적인 증상은 기억력 저하, 언어기능저하, 지남력저하 등이 있다.

치매의 증상으로 대표적인 것들을 살펴보자.

① (기억력 저하) 최근의 말이나 사건에 대해서 기억하지 못한다.

② (언어기능저하) 단어나 이름이 금방 떠오르지 않는 것을 주위에서 알아차리기도 한다.

③ (지남력 저하) 날짜나 시간에 대한 감각이 없다.

④ (시공간능력 저하) 자주 다니던 길을 잃고 헤맨다.

⑤ (수행능력 저하) 집안의 간단한 도구를 다루지 못한다.

⑥ (성격 변화) 예전의 성격이 강해지거나 충동 조절이 어렵다.

⑦ (우울) 우울증은 치매 환자의 40~50% 정도가 동반하며, 의욕이 없고 만사를 귀찮아한다.

⑧ (초조) 가만히 있지 못하고 목적 없이 자꾸 움직인다.

⑨ (환각) 실제로는 없는 사물을 보거나 소리를 듣는다.

⑩ (망상) 자신의 돈이나 사물을 다른 사람이 훔쳐갔다고 의심한다.

이때, 지남력이란, 시간이나 장소, 사람을 인지하는 능력을 말한다. 지남력저하는 먼저 시간에 대한 인지력이 저하되고, 다음은 장소에 대한 인지력, 그리고 그다음은 사람에 대한 인지력이 저하된다고 한다.

치매의 발병원인

치매는 어떤 원인으로 발병하는지 사회인구학적 위험인자, 유전적 위험인자, 환경적 위험인자에 대해 살펴보자.

첫 번째, 사회인구학적 위험인자로서 키워드가 연령, 성별, 학력이다.

연령 측면은 나이가 많을수록 많이 걸린다. 65세를 기준으로 연령이 5세 증가할 때마다 치매 유병률은 2배씩 늘어나서 65세~69세 노인 중 치매 노인은 3% 정도인데 80세~84세 노인에서는 비율이 25%까지 증가한다고 한다.

성별은 남성보다 여성이 알츠하이머병에서는 2배 이상으로 잘 걸리는 질병이며, 혈관성 치매의 경우에는 남성이 여성보다 더 많이 걸린다고 한다. 그 이유는 흡연과 음주 등이 여성보다 남성이 더 많아서라고 보고 있다.

학력은 그 원인이 간접적이긴 하지만 고학력보다 저학력이 더 많이 걸린다고 한다. 이는 낮은 교육수준일수록 약물이나 영양부족을 겪을 가능성이 상대적으로 높기 때문이라고 한다.

두 번째는 유전적 위험인자이다. 치매 가족력과 유전적 돌연변이가 키워드이다.

알츠하이머병은 직계가족이 걸릴 가능성이 2~4배 정도 높고 직계가족 중에 2명 이상 알츠하이머병에 걸렸을 때 그 가능성은 더 커진다고 한다.

세 번째는 환경적 위험인자이다. 흡연, 음주, 영양, 사회적 활동이 키워드이다. 흡연은 알츠하이머의 위험성을 1.79배, 혈관성 치매의 가능성은 1.78배 높인다는 연구 결과가 있으며, 음주는 적정량의 음주(특히 포도주)는 0.6배 정도 치매 위험성을 낮추는 역할을 하지만, 하루에 3~5잔 이상 술을 과하게 마시는 것은 오히려 인지 기능손상을 통한 치매 발병의 위험성을 높인다고 한다.

영양으로는 육식을 주로 하는 사람은 채식을 주로 하는 사람보다 치매에 걸릴 가능성이 크다는 연구 결과가 있다.

사회적 활동이 활발하지 못하거나 여가활동을 즐기지 않는 이들은 알츠하이머병의 위험이 크다고 한다. 특히, 미혼, 독거, 기타 이유로 고립된 노인들은 그렇지 않은 노인보다 발병 위험이 크다고 한다.

사회인구학적 위험인자, 유전적 위험인자, 환경적 위험인자 중 한 가지 위험인자로 인해 치매가 발생하기도 하지만 여러 가지 위험인자들로 인해 복합적으로 나타나기도 한다.

치매의 발병원인

치매의 종류

첫 번째는 치매 중 가장 대표적인 질병인 알츠하이머병이다. 뇌세포의 퇴화로 기억력을 비롯한 여러 인지 기능이 점진적으로 저하되어 일상생활의 장애가 초래되는 만성 뇌 질환이다. 특징으로는 여성이 남성보다 2배 더 많이 걸리고, 나이가 많을수록 유병률이 높으며, 학력이 낮을수록 잘 걸린다고 한다. 직계가족 중 치매 환자가 있는 경우, 심한 머리 손상을 입은 경우, 약하지만 반복적으로 머리 손상이 있는 경우 등이 병에 걸리기 쉽다. 증상으로는 기억력 저하에서 시작하여 몇 시간 전, 며칠 전의 단기기억력 저하부터 시작하여 차츰 오랜 기억인 장기기억력이 저하되고 망상이나 환청과 같은 정신이상 행동증상도 보일 수 있다.

두 번째로는 혈관성 치매이다. 뇌의 혈액공급 문제로 발생하는 치매로 치매 원인 중 두 번째로 흔하며 치매의 15~20%를 차지하고 있다. 특징으로는 고혈압이나 당뇨, 고지혈증 등이 있는 경우 흡연, 과음을 자주 하는 경우 발생위험이 증가한다고 한다. 증상으로는 알츠하이머병은 항상 비슷한 양상을 보이는 데 반해 혈관성 치매는 원인이 되는 뇌 질환의 종류나 크기, 위치 등에 따라 다양한 증상과 진행이 동반되며, 팔다리나 얼굴의 마비증상, 발음장애, 연하곤란 증상, 요실금 등의 증상이 나타날 수 있다.

세 번째로는 루이체 치매이며, 치매 증상이 파킨슨 증상보다 먼저 나타나면 루이체 치매, 파킨슨 증상이 치매보다 먼저 나타나면 파킨슨병 치매라고 불리는 데 개인차가 있다. 파킨슨병의 증상은 손의 떨림, 행동이 느려짐, 뻣뻣한 움직임, 종종걸음 등의 증상이 보이며 약물치료에 대한 반응이 좋아 정확한 진단이 중요하다. 특징으로는 파킨슨 증상이 나타나고 보통 70대에 처음 나타나기 시작한다. 증상은 초기에는 움직임의 장애가 나타나고 집에 귀신이 있다, 다른 사람이 살고 있다고 하는 환시 증상이 나타나고 자면서 몸부림을 부리는 렘수면 장애도 동반할 수 있으며, 기립성저혈압, 요실금, 변비 등 자율신경계 이상이 나타날 수도 있다.

네 번째로는 전·측두엽 치매이다. 전두엽이나 측두엽의 앞쪽에서부터 진행되는 치매로 전체 치매 환자의 5~10% 정도를 차지한다. 인간은 많은 말을 하면서 많은 것을 생각하고, 많은 것을 판단하고, 또 많은 것을 절제하면서 살아가는 존재이다. 이러한 인간답게 해주는 기능은 대부분 뇌의 앞부분에서 담당하고 있으며 이 부분에 이상이 발생하면, 말을 이상하게 하거나 참을성이 없어지거나 판단력이 저하되는 증상이 나타난다. 특징으로는 기억력의 저하보다는 언어, 절제력, 판단력, 사고력 등의 기능 저하가 먼저 나타나고 다른 치매와는 달리 50대에 흔히 발병하기도 한다. 증상으로는 무례한 행동, 충동 조절 못 함, 특히 성적인 행동에서의 절제 못 함 등의 증상이 나타난다.

다섯 번째로 알코올 치매이다. 치매 위험인자에서 잠깐 설명했듯이 음주 특히 포도주를 소량으로 즐긴다면 0.6배 치매를 줄이는 효과도 있지만, 하루에 3잔~5잔 이상 과음을 지속해서 하면 신경세포에 부정적인 영향을 주게 되어 치매로 진행될 수도 있다. 알코올 섭취량에 따라 이른 50대에 발생하기도 하고 늦게는 70대에 발생하기도 한다. 특징으로는 계획을 세우고 일을 진행하는 집행기능에 먼저 문제가 발생하게 된다.

여섯 번째 가역성 치매이다. 글자 그대로 되돌릴 수 있는 치매를 말한다. 완치가 가능한 원인에 의해 발생한 치매로 전체 치매 환자의 5~10%에 해당한다. 원인으로는 우울증에 의한 가성치매, 정상압 뇌수두증, 감염성 질환, 내분비질환에 의한 치매 등이 있다.

시니어 최대의 두려움 - 치매

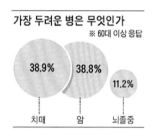

가장 두려운 병은 무엇인가
※ 60대 이상 응답

38.9% 치매
38.8% 암
11.2% 뇌졸중

■ 치매노인의 증가 추이 및 전망

65세 이상 치매노인 수
치매 유병률(%)
(단위: 명)

42만1000 8.4 2008년
53만4000 9.1 2012년
79만4000 9.8 2020년
122만1000 9.6 2030년
185만1000 11.2 2040년
237만9000 13.2 2050년
(자료: 보건복지부)

60대 이상 어르신들에게 가장 두려운 병이 무엇인지 설문조사를 했
는데 치매라고 대답한 비율이 39.9%로 암이나 뇌졸중보다 더 많이 나
왔다. 또한, 보건복지부 수치로는 치매 환자 수가 2050년에 237만 명
이상이 될 것이라는 예측이다.

30대에서 50대 치매 환자도 꾸준히 증가하고 있다.

우리가 익히 알고 있는 유명한 분 중에서도 뇌 질환을 겪은 분들이
있는데, 이를 열거하자면, 먼저 레이건 미국 대통령이다. 1981년부터
1989년까지 40~41대 대통령직에 재임하고 1994년에 치매에 걸렸으
며 2004년 6월에 사망하였다. 또한, 처칠, 스탈린, 루스벨트 등이 있

레이건 대통령   처칠, 스탈린, 루스벨트

마거릿 대처 총리   자니윤

다. 처칠은 1965년 1월에 뇌졸중으로, 스탈린은 1953년 3월에 뇌경색으로, 루스벨트는 1945년 4월에 뇌출혈 증상으로 사망하였다. 세 번째는 철의 여인이라고 할 정도로 뚝심 있던 마거릿 대처 영국 총리다. 혈관성 치매 증상을 앓았고 2013년 4월에 사망했다 네 번째로는 우리나라 코미디계의 대부로 일컬어지는 자니윤 씨다. 최근 2020년 3월. LA한 요양병원에서 사망하였다.

이처럼 치매는 어떤 삶을 영위했는지를 구별하지 않고 누구나 걸릴 수 있는 병이다. 이제 치매는 전 세계적으로 특히 우리나라의 경우 고령화가 지속하면서 급속히 증가하고 있는 현실이다.

100세 시대 가장 두려운 질병이 무엇일까?

육체가 병들어 가는 것? 제일 먼저 떠오르는 질병이 암이고 폐질환, 간질환, 심장질환, 신장질환 등등 무섭고 두렵다. 경제적인 부담도 많이 들게 되고 환자의 고통도 이루 말할 수 없다.

육체가 병들어 가는 것도 무섭고 두렵지만, 정신이 병들어 가는 것이 더 두렵고 무서운 병이 아닐까 생각해본다. 경제적인 부담도 부담이지만 사랑하는 사람들을 잊어버리고 함께했던 소중한 기억들을 잊어버린다는 것, 그리고 그 옆에서 이 모든 상황을 받아들이고 그러한 모습들을 지켜봐야 하는 가족들의 슬픔과 아픔 등을 생각한다면 치매야말로 가장 두려운 병이 아닐까 생각해본다.

"기억이 사라지면, 영혼도 사라지는 것."

〈내 머릿속의 지우개〉라는 영화 대사의 일부분이지만 개인적으로는 치매의 아픔을 가장 잘 표현한 문구라고 생각한다.

기억이 사라지면 영혼도 사라지고, 기억이 사라지면 본인이 살아온 인생도 사라지는 것이 아닐지도 모르겠다는 생각을 해본다.

치매 예방법과
치매 파트너

치매 예방법

첫 번째, 인지건강수칙이다.

- 자주 걷자. 누워있으면 죽는 것이고 걸으면 사는 것이란 말이 있다. 많이 걸을수록 치매를 예방할 수 있다.

- 사람을 많이 만나자. 친구 1~2명 더 사귈수록 인지 기능 저하를 감소시킬 수 있다고 한다.

- 머리를 많이 쓰는 활동을 적극적으로 하자. 신문이나 잡지 등 책 읽기를 하거나 글쓰기를 하는 것도 도움이 된다. 책을 읽으면서 머리를 많이 쓰면 치매를 예방할 수 있다고 하니 책을 가까이 두는 습관을 길러보기를 권해 본다.

- 뇌 건강에 좋은 식품 섭취를 늘려라. 특히 65세 이상의 어르신들의 기본적인 건강 유지는 잘 드시는 것이라고 생각한다. 현재 우리 센터에서 1등급 와상 어르신들을 모시고 있는데 식사를 잘 드시는 게 아직 건강을 유지하는 가장 중요한 원인이라고 생각하며, 가능하면 뇌 건강에 좋은 식단을 드시는 게 좋다.

두 번째는 치매 예방 생활수칙인 3권, 3금, 3행으로 3.3.3 수칙이다.

먼저 3권이다. '3가지를 즐겨라'라는 것으로 일주일에 3번 이상 걷는 등 운동을 꾸준히 즐기고 생선과 채소를 챙겨 먹고 식사를 즐기고 부지런히 읽고 쓰는 독서를 즐기라는 것이다.

다음은 3금이다. '3가지를 참아라'라는 것이다. 술은 하루에 3잔보다 적게 마시고 과음을 참고 담배는 피우고 있다면 금연하고 아예 시작도 하지 말고 머리를 다치지 않도록 조심하라는 3금이다.

다음은 3행이다. '3가지를 챙겨라'는 것이다. 혈압이나 혈당, 콜레스테롤 3가지를 정기적으로 챙겨서 건강검진을 받고 가족이나 친구와 자주 연락하고 만나는 소통을 챙기고 매년 보건소, 치매안심센터 등에서 치매 조기검진을 챙겨 받으라는 것이다.

치매 파트너란?

2010년부터 간호업체를 관리·운영해 오면서 또한 (A)비지팅엔젤스 군포재가방문요양센터라는 노인복지재가센터를 운영하면서 내가 지금까지 취득하거나 수료했던 관련 자격증이 지금의 나를 있게 만들었다고 생각한다.

2006년에 사회복지사, 2011년에 보육교사, 2018년 6월에 치매 교육

수료, 2018년 7월에 치매파트너, 2018년 7월에 시니어 플래너지도사, 2018년 12월에 요양보호사를 각각 수료 또는 취득하였다. 그중에서 치매와 관련이 있지만, 우리에게 조금은 생소한 치매 파트너에 대해 소개해 보려 한다.

치매 파트너는 치매를 알고 있는 사람이거나, 치매에 긍정적인 태도를 지닌 사람이거나, 치매 환자에게 도움을 줄 마음이 있는 사람이라면 누구나 될 수 있다.

나 또한 치매 파트너이다. 본가 어머니가 치매를 앓고 있는 치매 가족이며, 치매를 알고 있고 치매에 대해 긍정적인 태도를 지니고 있으며 치매 환자를 만나면 도움을 줄 마음이 충분히 있기에 교육을 받고 치매 파트너가 되었다.

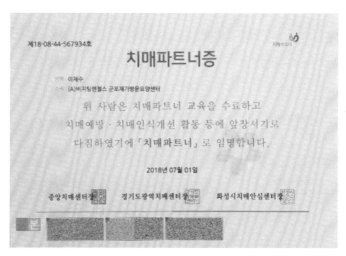

치매파트너증 - (A)비지팅엔젤스 군포재가방문요양센터

'치매 파트너가 되는 것이 어렵지 않나?' 생각할 수 있다. 절대 어렵지 않다. 오프라인 교육을 받는 일도 있지만, 네이버나 다음과 같은 포털사이트에서 중앙치매센터를 검색하면 중앙치매센터(www.nid.or.kr) 홈페이지 사이트가 검색된다. 회원가입하고 관련 교육을 듣고 간단한 퀴즈를 해결하면 치매 파트너가 될 수 있다. 동영상 교육은 영화처럼 볼 수 있고 치매에 대한 이해를 돕기 위한 내용이라 그리 어렵지 않게 시청할 수 있다.

아래 소개하는 그림은 중앙치매센터의 치매파트너 코너를 캡처한 그림이다. 치매 파트너가 되기 위해 신청하는 방법이나 대상, 활동들이

중앙치매센터 - 치매 파트너

간단히 나와 있다.

치매 파트너가 된다고 해서 당장 달라지는 것은 없다. 하지만 치매에 관한 필수교육과 선택교육을 통해 가족과 이웃으로 치매 환자를 이해하고 치매 환자를 길에서 만나면 어떤 도움을 주어야 할지 조금 알게 되는 기회가 되리라고 생각한다. 내 주변에 치매 환자가 있다면, 거동이 힘든 어르신을 만난다면 가까이 가서 도움을 드릴 수 있는 마음가짐이야말로 치매 파트너로서, 공동체를 함께 살아가는 사회구성원의 한사람으로 가져야 할 기본적인 인식이 아닐까 한다.

우리나라 전 국민이 치매에 대한 교육을 받고 치매 파트너가 되는 날을 희망해본다.

간병에 대한 소회

　모브 노리오의 책 〈간병입문〉이라는 책에서 간병 지옥이라는 말이 나온다. 할머니를 간병하는 손자의 얘기로 저자는 주인공을 통해 간병에 입문하는 것은 쉬울 수 있으나 독박 간병을 하는 가족 중의 한 사람은 언제 끝날지 모르는 간병 지옥에 빠질 수 있음을 말하고 있다.

　보호자와 상담할 때 난 보호자에게 이렇게 말하곤 한다. 환자분을 위한 가장 좋은 간병은 가족 간병이고 그다음은 개인 간병, 그리고 공동 간병이라고 말씀을 드린다.

　가족 간병이야말로 아픈 환자를 가장 잘 알고 있으며, 아픈 가족을 위해 헌신적으로 간병하는 분이라는 것을 가장 잘 알고 있으므로 가족 간병을 가장 좋은 간병의 형태라고 추천한다.

　그다음은 1:1로 간병하는 개인 간병이다. 개인 간병은 환자 한 사람만을 위한 간병이라 환자의 일거수일투족을 살펴보고 하루 24시간을 환자와 함께 보내면서 간병한다. 또한, 간병하는 분 중에 헌신적으로 간병하는 분들이 많아 가족의 만족도가 큰 편이다. 하지만 경제적인 부담이 큰 것이 단점이다.

다음으로 공동 간병인데 보통 2:1이나 3:1 간병하는 프리미엄 공동 간병도 있지만, 보통은 5:1이나 6:1 간병이 많으며, 내가 본 어떤 요양병원은 10명이 넘는 환자를 1명의 간병인이 돌보는 형태로 운영하고 있었다. 그렇다고 공동 간병이 항상 안 좋거나 나쁜 것은 아니다. 경제적인 면이나 효율적인 면에서 장점을 나타내기도 하고 공동간병 할 정도로 환자의 건강상태가 양호한 경우에 적용한다고 할 수도 있다.

따라서 환자의 건강상태, 보호자의 경제적인 상태, 요양기관이나 의료기관의 시스템 등 여러 가지를 종합적으로 판단하여 간병의 형태를 이용하면 좋을 듯하다.

가족간병이 가장 좋다고 하나 누군가의 도움 없이 가족 간병을 하다 보면 주 간병보호자가 24시간 간병이라는 굴레에 매여 계속 긴장과 스트레스가 쌓이게 된다.

일본 마이니치신문에서 연재로 썼던 기사를 묶어 책으로 발간한 〈간병 살인〉이라는 책이 있다. 경제적으로 또는 육체적으로, 정신적으로 간병에 지치다 보니 또는 나 이외에 더 간병할 사람이 없을 것이라는 극단적인 생각이나 우울증 등으로 간병하는 가족을 살인하는 극단적인 상황까지 가게 되는 사건들이 일본 사회 내에 발생하고 있었는데, 이를 취재해 연재한 책이다. 전에 우리나라에서도 간병에 대한 안타까운 사연들이 심심치 않게 신문의 사회면에 또는 TV 뉴스를 통해 보도되곤 하였다.

난 가정 내에서 간병서비스를 받을 수 있는 방문요양서비스를 적극적으로 추천한다. 가족 간병과 개인 간병을 접목한 형태일 뿐만 아니라 환자 특히 어르신들께서 생활해오시던 집이나, 자녀의 집에서 함께 지내면서 간병, 요양서비스를 받는 것이고, 노인요양등급(1등급~5등급)을 발급받으면 국가지원이 85%에서 100%까지(기초수급자의 경우) 이뤄지는 제도라 경제적 부담도 덜고 어르신들에게 가장 행복한 노후를 가족과 함께 보낼 수 있도록 선물을 드리는 사회보장제도가 아닐까 생각해 본다.

우리나라는 2008년부터 노인장기요양보험이 법제화되어 시행되고 있다. 24시간 가족 간병에서 잠시 벗어나 하루 3~4시간씩이라도 전문적인 요양보호사의 도움을 받아 부모님의 간병을, 배우자의 간병을, 가족의 간병을 함께 하는 것이 가족의 행복에도 도움이 되고 있다고 평가한다.

어느 보호자를 상담할 때 나는 어르신을 잘 모시겠다고 말씀드렸더니, 어르신을 잘 모시는 것도 중요하지만, 보호자인 자기 자신이 그 시간만큼이라도 조금 자유로웠으면 한다는 답변을 주었다. 20년이 넘는 시간 동안 간병해 오셨던 분이라 간병의 굴레에서 조금은 벗어나고픈 보호자의 심정을 충분히 이해할 수 있었다. 방문요양센터를 운영하면서 간병이 필요한 어르신의 적절한 방문요양서비스나 방문목욕서비스도 중요하지만, 항상 긴장과 스트레스에 노출된 보호자의 마음을 헤아리고 살펴드리는 것도 중요한 서비스의 하나라는 것을 느끼곤 한다.

상담하다 보면 이러한 노인장기요양보험이라는 제도를 아직도 잘 모르고 오로지 가족의 힘으로만 간병을 하면서 버티는 분들을 만나곤 하다. 그런 분에게 노인장기요양보험에 대해 좀 더 알려드리고자 노력하고 있다.

간병을 얘기할 때는 항상 아픈 환자나 어르신을 중심으로 얘기를 많이 하곤 하지만 나는 현장에서 환자나 어르신을 돌봐주고 있는 간병인 또는 요양보호사 선생님들에 관한 얘기를 덧붙이고자 한다.

"누구나 할 수 있다고 생각하지만, 아무나 할 수 있는 일이 아니다."

난 이 말을 노인전문병원, 재활병원, 요양병원 병원장들을 비롯한 병원 관계자들에게, 환자 보호자들에게 그리고 지금은 요양보호사 선생님들께도 자주 얘기한다. 간병서비스는 누구나 쉽게 생각하고 접근하지만 아무나 할 수 있는 일이 아니기 때문이다.

첫째, 사명감이 있어야 한다. 간병서비스 제공에 대하여 직업의식을 포함한 사명의식이 있어야 한다.

둘째, 봉사 정신도 있어야 한다. 직업적인 생각으로만 접근해서는 오래 일을 할 수 없는 일이다.

셋째, 간병이라는 일에 대한 자기 자신만의 자긍심도 있어야 하는 일이다. 아픈 환자를 돌보는 일이야말로 가장 보람이 있다는 자긍심도 있어야 한다.

넷째, 체력관리를 유지하는 것도 만만치 않다. 그만큼 자기관리도 잘 해야 한다. 아프신 환자를 요양하고 보살피는 일이라 자기 자신의 건강을 먼저 지킬 줄 알아야 하며 요즘같이 감염병이 창궐하는 시기에는 더욱더 중요한 사항이 된다.

요양보호사들의 연령대를 살펴보면 대부분 60대 여성 분들이 가장 많은 수를 차지하고 있고 다음으로 50대 그리고 70대, 40대 순으로 분포한다.

주요 요양서비스가 신체활동서비스지원이나 일상가사지원서비스가 주를 이루다 보니 어르신들의 눈에는 집으로 일하러 온 가사도우미나 파출부로 보시는 분들이 많다. 제공하는 서비스가 비슷하니 그렇게 생각하시는 것도 무리는 아니라고 생각한다. 그래서 그런지 요양보호사 선생님들을 '아줌마' 또는 '도우미' 심지어 호칭 없이 부르거나 '거기', '어이'라고 부르는 어르신들도 계신다. 아직은 요양보호사라는 제도를 잘 모르고 집에 와서 가사 일을 도와주는 파출부 또는 가사도우미로 생각해서 나타나는 모습 일 듯하다.

방문요양서비스나 방문목욕서비스 계약하기 전에 적어도 한두 번 이상 어르신 또는 보호자 상담을 진행하면서 이론과 실기 그리고 자격시험까지 합격한 전문 요양보호사라고 소개해도 나중에 보면 열에 아홉은 '아줌마'라고 호칭을 하곤 한다.

요양보호사들의 위상을 우리 스스로 높여야 한다고 강조하곤 한다. 방문요양서비스나 방문목욕서비스를 진행하면서 반드시 기재해야 하는 서류 중에 '상태변화 기록지'라는 것이 있다. 수급자 어르신의 인지와 신체에 대한 상태를 1주일에 한 번 이상씩 3~4줄로 변화를 체크하여 기록하는 것이다. 난 어르신의 상태를 잘 관찰하고 변화가 있으면 체크하여 일주일에 한 번 이상씩 기록하는 이 상태변화 기록지를 잘 작성해 달라고 요양보호사들께 주문하고 한다. 상태변화 기록지를 잘 작성하고 센터를 비롯하려 보호자와 소통을 잘하고 어르신의 건강을 위해 적절한 서비스를 제공한다면 요양보호사들이 파출부나 가사도우미와 차별화가 되고 전문 자격을 갖춘 요양보호사로서 위상이 올라갈 거라고 강조하곤 한다. 이 글을 보는 요양보호사들이 있다면 어르신에게 적절한 서비스를 제공하는 것은 물론이거니와 상태변화 기록지를 통해 센터, 보호자와의 소통을 잘하는 전문가로서 요양보호사가 되라고 말씀드리고 싶다.

글을 마무리하며

　지금까지 시니어의 최대의 두려운 병 치매에 대하여 뇌의 구조와 주요기능을 살펴보고 치매의 증상, 발병원인, 치매의 종류, 예방, 그리고 치매파트너 등에 대해서도 알아보았다. 치매에 걸리지 않도록 예방하는 것이 가장 중요하겠지만, 치매에 걸린 가족이 있다면, 만약 내 부모님이나 배우자의 부모님이 치매에 걸리신다면 나는 어떻게 해야 부모님의 노후를 행복하게 해드릴 수 있을지를 고민해 보았으면 한다.

　우리는 유아기를 거쳐 청소년기를 지나 청년기, 장년기를 거쳐 노년기의 생을 살게 된다. 70~80이 되면 누군가의 도움이 필요한 치매에 걸릴 수 있는 상태가 될 수도 있다.

　10년이 넘는 기간 동안 간병사업을 관리·운영해 오면서 그리고 관련 자격증을 취득하고 관련 교육을 수료하면서, 그리고 노인성 질환을 앓고 있는 어르신, 보호자들을 상담하고 만나면서 내 마음속에는 한분 한분이 내가 돌봐드려야 하는 환자로, 나의 도움이 필요한 어르신으로, 또 하나의 가족으로 다가오곤 한다.

사업적으로 어르신이나 보호자를 만나는 게 아니라 어르신의 마지막 노후가 나로 인해 조금이라도 건강하고 행복한 삶을 살 수 있었으면 하는 마음으로, 간병으로 지친 보호자들께 나로 인해 의지가 되고 도움이 될 수 있었으면 하는 마음으로 어르신을 만나고 보호자를 만나고 센터를 운영하고 있다.

병원 라운딩을 돌면서 또는 재가방문요양센터에서의 방문상담을 통해 댁에 방문하여 어르신들과 상담하면서 늘 어르신의 눈을 보며 인사드리고, 방문을 마치고는 눈을 마주치면서 다음 주에 다시 오겠다고 말씀드리면 말씀도 못 하시는 와상 어르신께서 눈을 끔뻑이고 고개를 끄덕이는 모습을 보게 된다. 가족도 하기 싫어하거나 하고 싶지 않은 요양서비스를 요양보호사를 통해 내 마음과 정성을 함께 전달해 드리면서, 재가방문요양센터 운영의 보람을 느끼고 긍지를 가지고 할 수 있는 일 중 하나라는 생각이 들곤 한다.

끝으로 서두에서 말했던 글을 다시 언급하면서 가장 평범하고 소소한 행복한 노후생활을 보낼 수 있도록 준비하고 노력하고자 한다.

"다른 사람의 도움 없이 혼자서 식사를 하고 혼자서 화장실을 가고 혼자서 일상생활을 할 수 있는 것. 그리고 지난 일들을 기억하고 회상하며 남은 삶을 더 열심히 사는 것."

이 글을 읽고 있는 독자 여러분들도 행복한 노후생활을 보내기 위해 준비하시고 노력하시기를 바란다.

[참고문헌]

＊ 〈간병입문〉(2005), 모브 노리오

＊ 〈간병살인〉(2018), 마이니치신문 간병살인 취재반

＊ 〈요양보호사 양성 표준교재〉(2018), 보건복지부

＊ 〈치매 간병의 지혜〉(2012), 정수경외

＊ 〈간병 지침서〉(2012), 대한노인신경학회

＊ 〈중앙치매센터〉, https://www.nid.or.kr

※ 노인장기요양보험(등급신청, 방문요양, 방문목욕, 중산층케어, 시니어케어, 입주간병, 복지용구 등)에 대하여 궁금한 부분이나 상담을 원하시는 분은 〈비지팅엔젤스 군포재가방문요양센터〉(☎031-399-3183 ☎010-6255-6300 야간 상담 가능, 주말 상담 가능) 전화해 주시면 친절하고 자세하게 설명해 드리겠습니다.

제11장

100대 시대
치매를 알면
건강이 보인다

정미선

- 시니어 플래너지도사
- 액티브시니어 강사
- 사회복지사
- 평생교육사

치매의 개념 및 정의

집안에 치매 환자가 생기면 우리는 걱정을 먼저 하게 된다. 치매 (dementie)는 '정신이 없어지는 것' 뇌의 기억 주머니에서 기억이 하나씩 빠져나가는 것 제정신이 아닌 것을 의미한다. 서서히 오랫동안 진행되는 병인 치매는 노년의 적이다. 하지만 치매에 대한 두려움과 편견을 버리고 부끄러워하지 말고 자연스러운 현상으로 받아들여야 한다.

치매는 정상적인 생활을 하던 사람이 뇌 관련 질병이나 머리 외상으로 후천적인 뇌 손상을 입어서, 인지 기능 저하 언어능력저하 기억력 판단력 언어능력 지남력 등이 떨어지는 현상이다. 지남력이 떨어진다는 것은 시간, 장소, 계절, 요일, 사람 등을 알아보는 능력이 떨어지는 현상이다. 치매는 기억을 잊고 결국 자신까지 잃게 되는 무서운 병이다. 하지만 치매는 바로 알면 예방할 수 있고 조절도 가능한 질병이다.

보건복지부 중앙치매센터는 2019년 2월에 연차보고서를 발간했다. 이번 보고서는 2018년 말 기준으로 보건복지부, 국민건강보험공단, 건강보험심사평가원 등의 자료를 분석한 결과물로서 우리나라 치매 현황을 나타낸다.

중앙치매센터가 파악한 치매 환자 현황에 따르면 65세 이상 노인 인구 중 치매 환자는 총 75만 명이다. 치매 유병률은 10.16%로, 65세 이상 노인 10명 중 1명꼴로 치매를 앓고 있는 것으로 파악됐다.

중앙치매센터는 "치매 환자는 향후 계속 증가해 2024년에는 100만 명, 2039년에는 200만 명, 2050년에는 300만 명을 넘어설 것으로 예상한다"고 주장했다.

치매는 단순한 하나의 질병이 아니라, 특정한 조건에서 여러 증상이 동시에 나타나는 증상들의 묶음이다. 이러한 치매 상태는 알츠하이머병과 혈관성 치매이며, 그 외 루이체 치매, 파킨슨 치매 등이 있다.

치매는 걱정한다고 해결되지 않는다. 치매는 환자 자신과 가족의 삶까지 송두리째 흔들어놓는다.

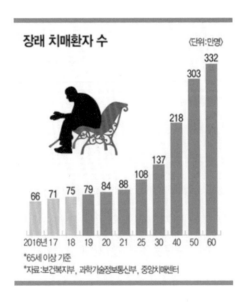

장래 치매환자 수 (단위:만명)

332
303
218
137
108
88
84
79
75
71
66

2016년 17 18 19 20 21 25 30 40 50 60

*65세 이상 기준
*자료:보건복지부, 과학기술정보통신부, 중앙치매센터

치매의 원인 및 증상

1. 치매 발병원인

음주, 흡연, 뇌 손상, 우울증, 고혈압, 당뇨병, 비만, 난청, 운동 부족 등 원인이 다양하다. 가장 위험한 인자는 노화이다. 고독, 외로움은 치매 발병률을 더 높인다. 건강한 식습관이나 운동으로 위험인자를 관리해야 한다.

머리의 외부 손상으로 일어나며 또한 뇌의 단백질 이상 변형으로 나타나기도 한다

2. 치매의 단계별 증상

① 초기 치매 증상은 일상생활이 가능하고 혼자 생활할 수 있다. 가족들이 좀 이상하다고 알아차릴 수 있는 상태이다. 가벼운 인지장애가 뚜렷이 나타나기 때문에 주변 사람과 가족이 치매

임을 알아차린다. 기억력이 감소하여서 전에 했던 말을 기억하지 못하고 물건을 엉뚱한 곳에 두거나 잃어버리기도 한다.

② 중기 치매 증상은 혼자 생활할 수 없는 수준이고 치매임을 본인도 가족도 쉽게 알 수 있는 상태이다. 자세한 임상적 면담을 통해 현저한 인지저하 증상을 확인할 수 있다. 기억을 자주 잊어버리며 여러 인지 영역에서 분명한 인지저하 증상을 확인할 수 있다. 수의 계산이나 돈 계산능력이 저하된다. 자신의 집 주소나 전화번호를 기억 못 하며 날짜와 요일을 헷갈린다. 화장실 사용에 도움이 필요하지 않다.

③ 말기 치매 증상은 독립적인 생활이 불가능하고 인지 기능과 기억력이 현저히 저하된다. 정신적, 행동적, 신경학적 증상이 동반되는 상태이다. 기억력은 더 나빠지고 성격 변화가 일어나며 일상생활에도 많은 도움이 필요하다. 대소변 조절이 제대로 안 된다. 할 일 없이 길거리를 배회하거나 집을 못 찾아오기도 한다. 많은 성격변화와 행동변화가 있다. 누워서 생활하는 시간이 많아진다.

3. 치매의 증상

① 기억력이 감퇴한다. 치매 초기에 나타나는 증상으로 건망증과 혼동되기 쉽다. 최근에 대화했거나 만난 사람도 어떤 상황도 자주 잊어버린다. 자신이 누구인지 자신에 관한 신상정보도 자주 잊어버리고 비밀번호를 잊어버려 돈을 인출하지 못한다. 기온이나 계절을 무시한 옷차림을 한다. 자신의 나이도 깜빡한다. 돌봐주는 사람을 나쁜 사람이라고 단정하고 돌봄을 거부하기도 한다.

② 언어능력이 떨어진다. 말을 시작하면 단어가 생각이 안 나서 적절한 단어를 찾지 못해서 이것저것 하면서 표현을 잘못하고 말문이 막히면서 창피해하며 말수가 줄어든다.

③ 지남력이 떨어진다. 지남력은 시간 장소 사람을 구분 판단하는 능력인데 지남력이 떨어지면서 요일도 낮과 밤, 계절도 잊어버리게 된다. 늘 다니던 익숙한 장소도 길을 잃어 헤매는 일이 생긴다. 또한, 현재 내가 서 있는 곳이 어느 곳인지 전혀 알지를 못하게 된다.

④ 판단력과 일상생활하기가 어려워진다. 판단력, 문제해결능력이 떨어진다. 돈 계산, 가사활동, 취미활동 등 항상 하던 일을 처

리하지 못한다. 자신의 일상생활인 식사하기, 옷 입기, 화장실 가기 등 기본적인 위생관리도 못 하게 된다.

⑤ 성격변화 및 행동변화가 생긴다. 원래의 성격과 달리 의욕이 떨어지고 사람들과 어울리는 것을 멀리하며 집에만 있고 우울증 초기인 것처럼 행동한다. 사소한 일에도 짜증 내기, 소리 지르기, 주장하기 등 자주 화를 내기도 한다. 피해망상은 자신이 피해의식이 심해져서 자신을 공격한다고 생각하고 본인의 물건을 훔쳐간다고 생각하며 초조하게 생각하여 안절부절못하며 공격적인 행동을 자주 한다. 돌봐주는 사람을 나쁜 사람이라고 단정하고 돌봄을 거부한다. 갑자기 도로로 뛰어나가기도 한다.

치매의 유형

1. 알츠하이머 치매

1907년 알로이스 알츠하이머가(독일정신과의사 Alois Alzheimer) 질병의 뇌 병리 소견을 학계에 보고하면서 그 이름을 따서 알츠하이머 치매라고 불렀다. 알츠하이머 치매는 뇌의 퇴행성 신경정신계 질환이다. 치매 원인 중에 가장 많은 것은 알츠하이머병으로 후천적 뇌 손상으로 뇌세포가 천천히 죽어가고 뇌가 줄어드는 것으로서 치매 환자 수의 약 70%를 차지한다.

뇌는 신경세포가 집합되어서 신경작용의 중요 부분이다. 사람의 뇌 무게는 1.3kg에서 1.4kg 정도이며 우리 몸에서 중요한 역할을 하고 있다.

사람의 뇌는 모든 행동에 관한 명령을 수행 통제하며 사고 정보처리 문제 해결 등 여러 가지 중요한 일을 하는 기관이다. 뇌에 조금만 손상을 입어도 몸에 큰 영향이 있다. 알츠하이머 치매에 걸린 사람은 뇌 부위에 있던 신경세포가 많이 없어지고 신경계의 복합한 기능들이 줄어든 것을 발견된다. 치매가 서서히 점진적으로 진행되는 특징이 있다. 가벼운 건망증이 나타나면서 우울증으로 진행된다. 이 시기가 지나면 발작, 보행 장애, 불안 등 공격적이며 길을 배회하기도 한다.

알츠하이머 치매는 베타 아밀로이드 단백질이 뇌에 쌓인다. 뇌에 쌓인 베타 아밀로이드 단백질은 신경 섬유 다발을 형성하게 되는데, 이 과정을 통해 뇌세포가 죽고 뇌세포와 뇌세포 사이의 연결이 끊어진다. 그래서 뇌가 위축되고, 인지 기능이 저하된다. 요즘은 65세 미만에서 발생하는 초로기 알츠하이머 치매도 점점 늘어나는 추세이다

2. 혈관성 치매

혈관성 치매는 치매 환자의 20% 정도를 차지한다. 혈관성 치매는 뇌혈관과 관련하여 나타나는 것으로서 뇌 조직 손상을 받아 치매가 발생하는 것이다. 치매는 다양한 원인에 의해 발생하고 개인 차이가 크기 때문에 다양한 증상을 알아두는 것이 필요하다.

고혈압, 뇌동맥경화증, 당뇨 등이 원인이며 뇌혈관 장애 및 뇌세포변성으로 일어나는 뇌혈관성 다발성 원인이다. 뇌에 혈액을 공급하는 뇌혈관이 막히거나 터지거나 좁아진 져서 뇌 안으로 흐르는 혈액이 줄거나 막히거나 출혈로 이어진다. 혈관성 치매는 알츠하이머 치매와 다른 점은 뇌혈관 문제로 어느 순간 갑자기 증상이 나타나는 것이 특징이다. 혈관성 치매는 초기에 두통 현기증 몸이 저리고 마비되거나 시야장애 언어장애도 나타난다. 예방법은 자기공명영상장치(mri) 촬영을

통해 발견할 수 있으며 지연시킬 수 있으므로 조기검진을 통해서 적시 치료가 중요하다.

3. 루이소체 치매

치매 환자의 많은 비율을 차지한다. 뇌의 루이소체 이상 단백질이 원인이며 운동장애, 인지장애 등을 일으킨다. 알츠하이머 치매와 비슷한 인지장애 성격장애도 나타나므로 적절한 진단을 내리기가 어렵다.

4 파킨슨병

처음 증상으로는 떨림증으로 시작되어 행동이 느려지고 보행 장애가 나타나는데 나중에는 휠체어 없이는 이동할 수 없어질 정도가 된다.

뇌의 도파민 전달 신경세포의 손실로 발생하는 신경계의 만성 퇴행성 치매 질병이다. 온종일 몸이 떨리는 파킨슨병은 1817년 처음으로 파킨슨병에 대하여 정의한 영국 의사 제임스 파킨슨(James Parkinson)의 이름을 딴 파킨슨병은 자신의 의지대로 몸을 움직일 수 없게 되는 병이다. 정확한 의미에서 파킨슨병 환자들의 증상은 동작이 느려진다. 현재까지 파킨슨병의 발병원인은 아직 정확하게 밝혀진 바가 없다. 파킨슨병은 뇌에서 운동 기능을 담당하는 부위의 도파민을 생성하는 신경세포가 50% 이상 줄어들 때 증상이 나타난다. 이때 인지 능력과 운동 능력이 감소하게 된다.

파킨슨병의 정확한 진단을 위해서는 여러 검사가 이루어진다. PET-CT 촬영으로 도파민 신경세포의 감소 여부를 파악하고, 동작 분석 검사와 안구운동검사를 통해 움직임을 관찰한다. 또한, 후각 기능검사를 통해 냄새를 구별하고, 인지할 수 있는지를 확인한다.

파킨슨병은 신경 퇴행성 질환에 속하기 때문에 오랜 시간 동안 서서히 증상이 악화한다는 특징이 있다.

파킨슨병의 주 치료 방법은 약물치료다. 그러므로 대부분의 파킨슨병 환자는 약효에 의지해 생활한다. 약을 먹지 않았을 때와 먹었을 때 나타나는 운동 능력의 차이는 크다. 약을 먹은 후엔 몸의 중심을 잡거나, 빠르게 행동하는 것도 가능하지만, 약효가 떨어지면 몸이 심하게 떨리고, 근육이 뻣뻣해져 보행 장애가 나타나게 된다. 혼자 넘어져도 누군가가 도와주지 않으면 홀로 몸을 일으키기 힘들다. 오랜 시간 약물치료를 받으면 약효가 쉽게 떨어지고 뇌에도 부작용도 쉽게 나타난다.

초기에는 팔다리가 굳고 동작이 둔해지다가 손발이 떨리게 된다. 약 복용으로 다소 둔해지기는 하나 완치가 어렵고 망상 환각 환청 등에 시달리기도 한다.

치매의 예방과 관리

1. 치매 환자 대하기

치매 환자도 존중받아야 할 한 사람이다. 치매는 자신을 흔드는 병이고 치매로 인해 가장 힘들고 불안한 사람은 치매 환자 자신이다. 치매 증상을 가장 먼저 자신이 느끼면서 가족에게 부담될까 봐 걱정한다. 실수를 자주 하고, 쉽게 할 수 있던 일도 못 하게 되는 경우가 반복되고, 기억력이 떨어지면서 내가 이상이 있다는 것을 느끼게 된다. 혹시 치매일지 모른다는 생각으로 혼자 불안해하며 혼자 걱정을 하게 된다. 치매 환자는 '나는 치매가 아니야 병원은 안 가도 돼'라고 한다. 자신이 치매라는 사실을 분노하며 슬픔으로부터 자기 자신을 지키려고 방어적인 반응을 하면서 가족들을 힘들게 한다. 주위 사람들은 치매 환자의 분노와 슬픔을 이해하고 자연스럽게 받아들이는 것이 중요하다. 마음을 이해해주고 아무렇지도 않은 듯이 자연스럽게 도움을 주고 지원해 주는 사람이 필요하다. 나의 친구, 나의 식구가 치매라는 병에 걸렸다면 우리는 이해해주고 기다려주고 자연스럽게 마음을 지원해 주어야 한다. 비록 인지 기능의 손상이 있더라도 아동을 대하듯이 하면

안 된다. 이 가정에 꼭 필요한 존재라는 것을 알게 해주어야 한다.

장기적인 계획을 세우고 돌봐야 한다. 여러 가지 원인이 있고 다양한 문제가 나타나더라도 핵심적인 문제를 파악하고 대처해야 할 것을 미리 생각해두어야 한다.

아직 잘할 수 있는 남은 기능을 잘 활용할 수 있도록 소중히 지켜나가야 한다.

① 자존심 상하는 말은 하지 않아야 한다. 칭찬과 격려하는 좋은 말을 해야 한다.

차분하고 안정적인 목소리와 톤으로 말을 한다.

② 당황해하거나 불안·초조하지 말고 여유를 갖고 자연스러운 미소로 응대한다.

③ 치매 환자가 말하는 속도와 비슷하게 말해야 한다. 복잡한 말은 안 해야 한다.

④ 치매 환자의 눈을 보면서 일정 거리를 두고 앞에서 말한다. 뒤에서 말을 걸면 당황한다.

⑤ 눈높이를 맞추면서 부드럽게 또박또박 말을 한다.

⑥ 한 번에 한가지씩만 질문하고 귀를 기울여서 잘 듣고 천천히 응대한다. 치매 환자는 재촉을 당하면 당황한다.

⑦ 실수를 지적하거나 복잡한 판단이 필요한 말은 묻지 않는다.

⑧ 대답을 충분히 기다리며 한 번에 하나씩 묻고 설명한다.

⑨ 짧은 문장을 명확히 말하고 구체적으로 묻는다.

⑩ 가벼운 신체접촉을 하면서 오감을 사용해서 집중해서 듣는다.

2. 치매 환자 가족 마음 이해하기

가족이 치매 질병이라는 것을 알게 되면 가족들이 불안과 두려움을 떨쳐내도록 치매를 이기도록 힘이 되어 주어야 한다. 원인에 따라 치료와 관리 방법이 많이 다르므로 질병을 이해하고 원인을 확인하는 것이 가장 중요하다. 사랑하는 가족이 치매를 앓게 되었다는 사실을 알게 되면 심리적인 큰 충격을 받는다. 어떠한 상황인지 이해하고 환자와 가족들을 대해야 한다. 치매는 점차 악화하여 진행하는 질병입니다. 시간이 지날수록 다양하게 나타나는 현상을 이해하고 돌보기 위해서는 초기, 중기, 말기로 구분하여 대처하는 장기간의 계획을 세우는 것이 중요하다. 간병 초기에는 효도를 하겠다는 마음으로 정성껏 모실 수 있다. 긴병에 효자 없다는 말이 있는 것처럼 치매 가족은 힘들어서 치매 환자보다 먼저 지치고 생활 리듬이 깨져 혼란스러워한다.

치매 환자를 돌보는 가족은 숨겨진 환자이다. 현대 의료 기술로는 치매를 치료하는 백신이 아직 개발이 안 되어서 완치라는 희망을 품기 어렵다. 게다가 오랜 기간 수발을 들어야 하므로 간병하는 가족의 건강이 나빠지고 심리적으로도 불안해진다.

치매 환자를 온종일 돌보려면 일을 할 수 없게 되고 경제적인 어려움이 따라온다. 이로 인해 간혹 극단적인 선택을 하는 일도 있을 수 있다. 이런 이유로 암보다 더 고약한 것이 치매라는 말까지 등장했다. 치매 환자 가족의 큰 부담감은 가족의 우울, 노인학대, 노인 유기, 죽음에 이르게 할 수 있다. 응원해주고 지지해주고 가족에게 큰 힘이 되어야 한다.

가족들은 처음에 당혹스러워하며 치매라는 사실을 부정한다. '그럴 리가 없어'하며 힘들어 혼란스러워한다. 싫어하는 마음과 분노와 절망을 하게 된다. 우리는 치매 가족을 판단할 것이 아니라 이해해 주어야 한다. 그래야 가족들이 치매라는 사실은 인정하며 수용하며 여러 가지 정보를 얻어서 치매 환자를 인정하고 받아들이게 해야 한다.

치매 관련 복지제도 및 관리하기

1. 치매 예방 및 조기진단

치매는 조기진단이 무엇보다 가장 중요하다. 자치구의 보건소 및 치매안심센터에서 무료로 조기검진을 받을 수 있다. 치매에 관심이 있는 국민 누구나 이용할 수 있다. 특히, 치매가 걱정되는 어르신, 치매에 걸리신 분, 치매 어르신을 모신 가족들이 이용할 수 있다.

전문의의 의견을 듣고 치매가 질병임을 받아들이고 적극적으로 이겨나가야 한다는 의지와 준비가 중요하다. 전체 치매의 10%는 초기에 원인을 알면 완치할 수 있다.

치매 초기에 적절한 치료를 하면 치매 진행을 차단할 수 있으며 지연시킬 수도 있다. 증상이 심해지기 전에 마음의 준비와 여러 가지 정보를 준비할 수 있는 시간을 벌 수 있다.

치매의 원인은 아주 다양하지만, 노화, 혈압, 혈당, 콜레스테롤 같은 생리적인 요인부터 술, 담배, 스트레스, 수면 패턴, 먹는 음식, 가족력, 유전자 변이 등 치매를 유발하는 요인은 수없이 많이 있다. 밝혀진 것만 그 원인이 70가지가 넘고 다양한 원인에 관한 연구 및 예방 백신 치료제 개발은 아직도 계속 진행 중이다.

치매 치료는 현재 근본 원인을 해결하는 것이라기보다는 증상이 나빠지지 않도록 조기검진 및 예방 관리하는 것이 더 중요하다. 기억력 저하, 이상 행동 같은 대표적인 치매 증상이 있으면 조기검진을 통해 완치는 안 되지만 충분히 지연시키고 조절할 수 있는 병이다.

2. 치매국가책임제

2017년 9월 18일 정부는 '치매국가책임제'를 발표했다. 다른 중증 질환도 많은데 왜 치매만 이렇게 국가가 책임진다고 나서는지 궁금해하는 일도 있다. 치매 환자는 노인 인구의 증가와 비례하여 환자가 무섭도록 늘어나고 있고, 이를 개인의 부담으로 돌리기보다 국가가 앞장서서 국가 돌봄으로 하겠다는 것이다.

치매 예방을 조기발견, 지속치료 지속관리 등을 통해 오히려 나라의 경제적 사회적인 비용을 절감하자는 정책이다. 그래서 2018년부터 치매국가책임제의 시행으로 대규모의 예산을 편성했다. 예방주사나 위생 교육 등으로는 치매를 예방할 수 없다. 그동안에는 치매 환자의 돌봄은 주로 가정에서 담당했으나 이젠 공공부문으로 이양되었고 국가적인 중요한 정책과제로 떠올랐다. 치매국가책임제에는 '치매 부담 없는 행복한 나라'를 만들겠다는 선포이다. 인구 고령화에 따른 치매 인구

의 증가와 치매 가족의 고통 심화, 치매로 인한 경제비용 사회적 비용
이 급증하여서 문제가 심각하다고 보고 그동안의 미흡했던 지원체계
와 불충분한 정책을 강화하고 보충하여 새로운 정책을 추가로 시행하
는 것이다. 치매 환자의 삶의 질을 높이고 가족의 부담을 줄여 국민의
건강하고 행복한 삶을 보장해준다는 것이 치매국가책임제 정책이다.

3. 중앙치매센터 및 치매안심센터

치매 예방의 핵심은 위험요인을 줄이고 보호요인을 강화하는 것입니다.
간단한 생활습관의 변화를 통해서도 치매의 발병위험을 낮출 수 있다.
보건복지부에서 제시한 치매 예방수칙 3.3.3 법칙이 있다.

3권(勸)·3금(禁)·3행(行)의 내용으로 구성되어 있다.

2008년 9월 치매와의 전쟁이 선포된 후 2011년 8월 치매관리법을 제정하였다. 법을 통해 치매를 안정적이고 효율적으로 관리할 수 있도록 기반을 마련했다.

중앙치매센터는 치매 진료 치매 관리의 서비스 질의 관리 및 연구 개발이 체계적이며 사업 확대를 위해 국가 중앙단위의 총괄 담당기관이다. 보건소 및 치매안심센터에서는 조기검진 및 홍보로 치매가 조기 발견되며 지속적인 치료를 한다

치매 상담 콜센터 전화번호는 '1899-9988'이다. 365일 연중무휴 운영하며 치매에 대해 궁금한 사람은 누구나 이용할 수 있다. 치매 환자 치매 가족의 상담을 시행하고 상담자의 동의를 받아서 지속적인 사례 관리와 연계를 지원한다. 치매에 관한 정보를 제공하고 치료관리 및 지원에 대한 정보를 제공한다 치매 환자와 가족의 심리상담을 제공한다

4. 치매 노인 성년후견제도

질병·장애·노령 등으로 인해 도움이 필요한 성인에게 가정법원의 결정 또는 후견계약으로 선임된 후견인이 재산관리 및 일상생활에 관한 보호와 지원을 제공하기 위한 제도이다.

정상적인 의사능력이 있을 때 앞으로 치매로 인해 의사능력이 저하될 것을 대비하여 신뢰할 수 있는 사람을 미리 선정하여 후견계약을 체결하고 지원받을 수도 있는 제도이다. 재산관리, 각종 계약체결, 신상 보호서 작성, 의료행위 동의서 작성, 법원 심판청구서 작성 등 후원 법률자문 등을 해준다.

사회복지서비스 신청 및 지원, 의료서비스에 지원, 사무 행정 지원, 통장 등 세무 재산관리 관공서 서류청구, 공공후견인의 활동비와 공공 후견심판 청구비용도 지원된다. 돌봄 사각지대에 있는 치매 어르신의 사회·경제적 보호체계 강화로 일상생활에 불편함이 해소될 수 있다.

이용 절차는 공공후견서비스 신청, 후견대상자 선정, 후견심판청구, 후견심판 결정, 후견 활동 시작 순으로 이루어진다.

[대한법률구조공단문의(☎132) 치매상담콜센터(☎1899-9988)]

5. 노인장기요양보험제도

우리나라는 고령사회(aged society)로 빠르게 진입하고 있다. 장기 요양이 필요한 노인을 가정에서 장기간 돌보기가 어렵다. 가정에서 부담해야 하는 비용이 너무 과중하여 국가적인 문제로 치닫기 때문에 노인의 간병 및 요양 문제를 사회보험으로 도입하여 노인 장기요양보험 제도를 2007년 4월에 제정하여 2008년 7월부터 시행하였다.

요양보호가 필요한 노인의 생활자립을 지원함으로 가족의 부담을 덜어주고 요양 및 의료비 문제에 대처하는 공제제도로서 사회적 연대원리에 의해 제공되는 사회보험제도이다.

　대상으로는 65세 이상인 일상생활이 곤란한 노인과 65세 미만이더라도 치매 및 노인성 질환을 앓는 자이다. 운영은 국민건강보험공단과 지사에 설치된 장기요양보험센터 등에서 운영한다.

6. 장기요양보험 서비스제도

　장기요양보험 서비스제도는 혼자 생활이 어려우신 어르신들의 안전하고 따뜻하게 돌보는 서비스제도이다. 고령이나 치매, 뇌혈관성 질환, 파킨슨병 등으로 6개월 이상 일상생활이 다른 사람의 도움을 받아야 하는 경우 신체활동 인지 활동과 가사활동의 서비스를 제공한다.

　재가급여(본인부담금 15%)는 방문요양으로 요양보호사가 가정에 방문하여 인지 활동 신체활동 가사활동을 지원하는 서비스이다. 온종일 방문요양제도는 12시간 방문요양으로 중증 치매 어르신 가족을 지원하기 위하여 요양보호사가 대신하여 돌봄을 제공하는 것이다. 인지 자극활동 및 남아있는 기능을 잘 유지하도록 훈련한다.

　주·야간 보호는 하루 중 일정 시간을 주·야간 보호센터 내에 있는 치매 전담실에서 치매 전문교육을 받은 치매 전문가가 신체활동 인지

활동 심신 기능유지활동 등 맞춤형 서비스를 제공한다.

그 외 방문목욕, 방문간호, 단기보호, 복지용구를 대여 및 저렴하게 구매하도록 하고 있다.

시설급여(본인부담금 20%)는 노인요양시설과 노인요양 공동생활가정은 노인성 질환으로 장애가 발생하여 큰 도움이 필요한 경우 급식 및 요양 등 여러 가지를 시설에서 제공한다.

주간보호센터는 어린이를 어린이집에서 돌봐주는 것처럼 노인을 낮에 돌봄 서비스를 제공하는 곳이다. 주간보호센터 데이케어센터(Day Service Center, Day Care Center)라고도 하며 주간보호, 단기보호 등을 의미한다.

가족이 직장 등으로 인해 노인을 돌볼 수 없을 때 노인을 맡기며 노인부양가족의 심리적 신체적 경제적으로 부담을 덜어줄 수 있다. 주·야간 보호센터는 주간야간 모두 맡길 수 있는 서비스이다.

단기보호시설은 가족의 보호를 부득이하게 받을 수 없는 경우 심신허약 노인과 장애인을 3개월 이하 단기간만 입소하고 여러 가지 필요한 서비스를 받는다.

단기보호시설은 노인복지관 주간보호센터 노인복지센터 복지재단 등에서 단기보호를 운영하고 있다.

7. 치매가족휴가제

치매가족휴가제는 치매 가족을 돌보는 가족에게 연간 6일간의 휴식을 주는 서비스로 장기간 간병으로 지친 치매 가족에게 재충전의 시간을 가지도록 하는 것이다.

치매 환자를 단기보호시설입소 하는 경우는 치매 환자 1~5등급 치매 수급자, 인지지원등급 수급자가 이용할 수 있다. 방문요양은 1~2급 중증수급자 치매 환자의 가족이 이용하며 12시간씩 연 12회를 사용할 수 있다.

8. 실종노인 찾기 및 실종 발생 예방사업

실종노인 찾기 및 실종 발생 예방사업은 치매 어르신의 실종을 예방하고 실종되더라도 신속히 가정으로 돌아오도록 지원하는 제도이다. 인식표를 붙이는 것으로 겉옷, 윗옷 등에 붙인다. 인식표는 어르신별로 고유번호를 부여한다. GPS 형 배회감지기는 수급자가 착용하거나 소지품에 부탁하여 사용한다. 위성 신호를 이용하여 치매 환자의 위치를 보호자에게 알려주는 방식이다. 매트형 배회감지기는 치매 환자 침대 밑이나 현관 매트에 깔아놓고 있으면 매트를 밟고 움직이면 알림이 보호자에게 울려서 알려주는 방식이다.

치매 환자 지문 사전등록제는 경찰청에 치매 환자의 지문, 사진, 기타정보를 미리 등록하고 실종 후 발견되면 등록 자료를 이용하여 안전하게 가족으로 갈 수 있도록 하는 서비스이다.

9. 치매가족교실 '헤아림'

치매가족교실 '헤아림'은 치매 환자를 돌보는 가족에게 올바른 지식 빠른 정보를 제공하여서 가족들의 돌봄역량을 향상시킨다. 가족들끼리 서로 지혜도 나누고 서로 격려하는 모임을 하며 맞춤형 상담을 받을 수 있다.

치매는 가슴 아픈 병이다. 사랑하는 가족과 친구들뿐 아니라 나 자신까지도 잊게 만드는 병이다. 고령화 사회에서 우리의 따뜻한 관심과 인식개선이 선행되어 사회적 약자를 보호하기 위한 다양한 분야에서 힘을 쏟아야 할 것이다.

치매(dementie)는 정신이 없어지고 뇌의 기억이 하나씩 빠져나가서 자신을 잃어버리면 안 된다.

치매안심센터와 보건소에서 치매 조기검진을 하고 진단되면 MRI 검사와 아밀로이드 PET CT 검사를 조기에 하면 빨리 치료 가능할 수도 있다.

치매의 증상과 조기검진을 알아보며 예방이 최우선임을 강조하였다

치매에 관한 기본지식습득 및 구체적인 방법들을 알고 우리는 치매와 여러 질병을 스마트하게 지혜롭게 다스려야 할 것이다.

신중년으로서 액티브한 건강한 100대 시대를 준비하며 멋지게 살아야 할 것이다.

[참고문헌]

* 성년후견제도(법제처 생활법령정보)

* 〈치매 관리와 예방〉, 신영희 지음

* 치매, 알짜정보(보건복지부 중앙치매센터 2019년 헤아림)

* 〈2019년 나에게 힘이 되는 치매 가이드북〉, 보건복지부 중앙치매센터

* 2019년 천만시민 기억친구 교재(서울특별시 광역치매센터)

* 치매로부터 자유로운 나라(2019년 2월 중앙치매센터 연차보고서)

* 치매인지기능 저하에 따른 사전돌봄 계획의 필요성과 실천과제, 한국보건사회연구원 보건사회연구 제39권 제3호(2019년 9월), 하정화, 이창숙

* 암보다 고약하다는 치매 질환(매일경제신문, 명순영·류지민 기자 2019.12.09.)

* 〈치매 부모를 이해하는 14가지 방법〉, 히라마쓰 루이 지음, 홍성민 옮김

* 〈2020년 치매정책 사업안내〉, 보건복지부

* 〈치매의 이해와 인간존중을 실천하는 퍼슨 센터드 케어〉, 미즈노 유타카 지음, 어홍선 옮김, 2011년 노인연구정보센터

* 〈치매 노인의 심리증상과 케어〉, 고바야시 토시코 지음, 황재영 옮김, 2011년 노인연구정보센터

* 〈혈관성 치매에 대한 근거기반〉, 대한 한의학회지 2019.04.30.

* 〈99가지 치매 이야기〉, 대한치매학회, 홍윤정